LA BATAILLE ET LA RETRAITE

DE LEIPZIG

EXTRAIT DES SOUVENIRS D'UN EX-OFFICIER

ABBEVILLE. — IMP. BRIEZ, C. PAILLART ET RETAUX.

BIBLIOTHÈQUE DE LA PAIX

PUBLIÉE PAR LES SOINS DE LA

LIGUE INTERNATIONALE ET PERMANENTE DE LA PAIX

DIXIÈME LIVRAISON

LA

BATAILLE ET LA RETRAITE

DE LEIPZIG

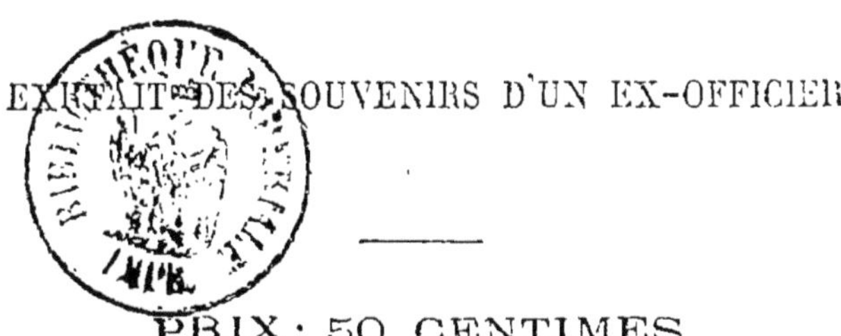

EXTRAIT DES SOUVENIRS D'UN EX-OFFICIER

PRIX : 50 CENTIMES

PARIS

PICHON-LAMY ET DEWEZ

ÉDITEURS DE LA BIBLIOTHÈQUE DE LA PAIX

15, RUE CUJAS, 15

GUILLAUMIN ET Cⁱᵉ 14, RUE RICHELIEU

SECRÉTARIAT, RUE CUJAS, 15

AVANT-PROPOS

Le récit que nous offrons à nos lecteurs est tiré, comme l'indique son titre, d'un récit plus étendu. L'auteur, dont la bienveillance nous a permis un emprunt si considérable, est un honorable citoyen de Genève, M. Martin, officier de la grande armée dans sa jeunesse, au temps où sa patrie était le chef-lieu du département du Léman ; ministre de l'Évangile plus tard, lorsqu'elle fut devenue l'un des membres principaux de la libre et pacifique Confédération Suisse ; vétéran aujourd'hui, après un demi-siècle de services, mais conservant dans sa retraite la plus généreuse activité pour toutes les bonnes causes, et l'un des représentants les plus dé-

voués et les plus influents de notre Ligue dans
un pays où elle en compte beaucoup.

On voit qu'on peut se fier à un tel narrateur.
Sa parole d'ailleurs, est de celles qui font foi
par elles-mêmes ; et il suffit d'écouter quelques
instants l'ex-officier pour sentir qu'on a devant
soi le plus véridique comme le plus impartial
des témoins. C'est pour ce motif, et parce qu'ils
ne sont en aucune façon une thèse ou un plai-
doyer, que la lecture de ces *Souvenirs* est particulièrement propre à faire comprendre, à ceux
qui ne la comprendraient pas encore, toute
l'horreur de la guerre.

On a souvent, et non sans quelque raison
peut-être, accusé d'incompétence ou de parti-
pris ceux qui ont essayé de mettre sous les yeux
du public quelques-unes des tristes scènes dont
se compose le grand drame de la guerre. On a
dit que ce n'est pas assez, pour être en état de
parler de ces choses, de les avoir contemplées
sans y prendre part, comme un spectacle ; ou
même de les avoir vues de loin par les yeux

autrui : il faut y avoir été mêlé comme acteur, avoir connu par soi-même les joies aussi bien que les douleurs du soldat, vu luire tour à tour les jours brillants de la victoire et les sombres jours de la défaite, respiré l'odeur enivrante de la poudre et partagé les héroïques enthousiasmes de la lutte. Soit, bien qu'il y ait à dire aussi, et que les meilleurs juges ne soient pas toujours ces parties en cause : mais rien de tout cela ne manque à ces pages, tracées de la main d'un soldat, d'un combattant de la plus célèbre armée qui fût jamais. Toutes ces émotions de la vraie guerre, le cœur du jeune officier, ardemment passionné pour son drapeau, les a ressenties ; le cœur du vieux pasteur, après cinquante années d'une profession bien différente, est loin de les avoir oubliées. Tout ce qu'il y a de grand, de généreux, de sublime parfois dans la vie des camps, il le sait, et il le dit ; et personne, même parmi les plus enthousiastes de cette vie, ne saurait se flatter de le mieux savoir et de le dire mieux. Mais personne non plus, quand avec la même simplicité il retrace les misères matérielles et morales du métier, ne serait admis à contester la valeur de son clairvoyant et fidèle témoignage.

Ce témoignage, nous aurions, dans l'intérêt de la vérité toujours favorable à la cause que nous servons, aimé à le produire tout entier. Nous ne pouvons, dans cette modeste collection, qu'en donner une partie avec l'espoir qu'elle engagera à chercher le reste. Nous avons tenu du moins, pour laisser autant que possible la parole au témoin lui-même, à détacher du volume un épisode complet ; et quel épisode ! Du surplus, grâce au zèle intelligent d'un de nos jeunes auxiliaires, M. Théodore Berger, nous donnons, sous forme d'introduction, un rapide et intéressant aperçu. Que tous deux, l'auteur du livre et l'auteur du résumé, reçoivent ici, au nom de tous les amis de la vérité et de la justice, les plus sincères remerciements.

Frédéric PASSY.

LA BATAILLE ET LA RETRAITE

DE LEIPZIG

EXTRAIT DES SOUVENIRS D'UN EX-OFFICIER [1]

INTRODUCTION

—

Jeune officier ! dans ces deux mots, que de souvenirs ! que de rêves de fortune ! que d'ambitions réalisées ou déçues ! On est jeune, on se croit libre, on est plein d'enthousiasme pour son drapeau, plein de foi dans l'avenir ; et puis on porte pour la première fois l'uniforme, et dans le lointain on voit déjà scintiller l'épaulette à gros grains et le bâton féerique de maréchal. A tout cela ajoutez les souvenirs tout frais de cette École militaire, aujourd'hui encore redoutée, mais alors si dure que l'espoir d'en sortir pouvait seul en faire endurer le séjour ; ajoutez l'orgueil qui faisait battre alors

[1] Paris et Genève, chez Cherbuliez 1 vol. format Charpentier.

1.

le cœur de tout jeune soldat, à la seule pensée de faire enfin partie de cette chevalerie militaire, qui, depuis quinze années, promenait dans le monde entier ses glorieux tournois : ajoutez tout cela, et vous comprendrez peut-être la joie naïve de notre jeune officier, au moment où, franchissant d'un bond le seuil de l'École, il s'écriait : « Enfin je suis dehors ! » — « Pour qui voyait gambader sur la route ce jeune homme en grand uniforme, nous dit-il, avec un sac gambadant aussi sur son dos comme s'il eût partagé la joie de son maître, il n'était pas besoin de plus ample explication, on voyait aussitôt d'où il venait, et ce qu'il était. »

Il faut voir notre héros, à peine arrivé à Paris, courant chez le premier fournisseur de l'armée, et s'y achetant à grands frais un somptueux uniforme, plus propre à briller dans les salons qu'à résister aux fatigues d'une campagne, d'ailleurs, « modèle d'élégance militaire, et orné d'autant de dorures que pouvait en supporter mon modeste grade de sous-lieutenant. » Il faut le voir parcourant tout fier la capitale, faisant saluer sa jeune épaulette par les factionnaires, « surtout quand ils appartenait à la vieille garde », et menant rondement sa bourse. Et pourquoi faire des économies ? « Dans un an, se disait-on, je serai tué ou j'aurai fait mon chemin, et dans ces deux cas, cet argent m'est inutile. » Il faut le voir enfin se dirigeant à la tête d'un détachement vers le théâtre de la guerre où son régiment l'attendait, à petites journées, comme l'on fait un voyage d'agrément ; « je faisais la route sans chagrin, nous dit-il lui-même, traversant sans me presser des pays nouveaux et intéressants, m'instruisant des mœurs étrangères, visitant des villes historiques, comme Munster, Osnabruck, Hanovre, Brunswick, jouissant aussi beaucoup, je l'avoue, de mes priviléges et de mon importance comme chef de corps, et trouvant en fin de compte la guerre fort amusante. »

Mais l'arrivée de notre jeune enthousiaste à Magdebourg, où il rejoignit son régiment, allait changer bien vite la face des choses, et lui montrer la guerre, sinon sous un autre jour, du moins sous un aspect moins attrayant. Le prince Eugène, à la tête d'une soixantaine de mille hommes, était chargé de défendre la ligne de l'Elbe, en attendant l'arrivée de Napoléon et de ses nouvelles troupes. Soit par des raisons de stratégie, soit, ce qui est probable, pour l'éducation militaire de ces jeunes troupes, le prince occupa le temps en marches et contre-marches continuelles dans les plaines qui bordent la rive gauche de l'Elbe. Il fallut faire connaissance avec un nouveau genre de vie, la vie de campagne ; et l'auteur nous a tracé de cette vie une esquisse, qui, nous le croyons, ne paraîtra pas sans intérêt.

« En arrivant le soir, plus ou moins fatigués, sur le terrain que nous devions occuper la nuit, il s'agissait de pourvoir aux deux conditions principales de notre établissement, le bivouac et la soupe.

« Quant au bivouac, il suffisait de couper des branches d'arbre et de les planter en terre, en les inclinant de façon à former un demi-couvert qui défendît de quelque peu ses hôtes contre le vent et la pluie. Il ne restait plus ensuite qu'à trouver de la paille pour éviter un contact trop intime avec le terrain. C'était tout, à une époque où l'usage des tentes nous était parfaitement inconnu. Il est vrai qu'il n'était pas toujours possible de trouver de la paille et des branches : alors on s'en passait.

« Mais il n'était pas aussi facile de se passer de la soupe, aussi était-elle la préoccupation capitale de nos hommes. Pendant qu'une partie d'entre eux s'occupait du bivouac, allumait des feux, faisait bouillir de l'eau dans les marmites, les autres allaient à la recherche de quelque chose de plus substantiel à y mettre. L'un rapportait une oie, l'autre un pain, celui-ci un morceau de lard, celui-ci du beurre ou de la farine ; parfois même on voyait arriver triomphalement une vache ou son veau. C'est ce qu'on appelait aller au fourrage, autant dire au pillage.

« Les officiers en gémissaient souvent, mais que faire et à qui la faute ? Il y eut bien quelques distributions de vivres pendant nos manœuvres sur la rive gauche de l'Elbe, mais elles cessèrent ensuite tout à fait. Et pourtant il fallait vivre ! Ventre affamé n'a pas d'oreilles, dit-on ; il n'a guère de pitié non plus pour les malheureux paysans qu'on dépouille. C'est là peut-être le côté le plus sombre de ces guerres lointaines et sans mesure, où il devient impossible de subvenir régulièrement aux besoins d'une armée, et c'est là certainement le côté le plus démoralisant pour les soldats. Les moins scrupuleux, tout en cherchant des vivres, se laissaient entraîner à s'emparer de ce qui pouvait leur convenir en fait de vêtements, de linge ou même d'objets plus précieux. Hélas ! on entendait parfois parler sourdement d'excès plus condamnables encore !

« Que l'on se figure la situation des pauvres familles de ces villages, avec leurs maisons pillées, leurs champs dévastés, et la crainte continuelle de traitements plus affreux encore. Que l'on se représente les souffrances de tant de malheureuses contrées, comme la Saxe, par exemple, traversées en tous sens par des armées ennemies, russes, prussiennes, françaises, se poursuivant tour à tour et laissant partout après elles d'horribles traces de leur passage. Après cela, l'on se couronne de lauriers. Oh ! qu'ils coûtent cher ces lauriers ! Ne parlons pas du sang versé, mais qui dira ce qu'il faut de larmes, de misères et d'odieuses violences pour en composer une gloire militaire ? »

Triste spectacle, au début d'une carrière, et bien propre à frapper l'esprit d'un jeune homme arrivé à l'armée avec cette illusion, que la guerre n'est qu'une marche triomphale à travers les combats et la gloire ! Et ces souffrances physiques et morales, ne sont pas les seules que notre jeune officier ait eu a supporter dès ses premiers jours au régiment; maintes fois, dans ses mémoires, nous trouvons des peintures plus affreuses encore de la vie de campagne, et à chaque pas, pour ainsi dire, nous découvrons l'une de ces douleurs du soldat, qui échappent à l'observateur, que le soldat connaît seul pour les avoir endurées, et qu'il a seul le droit de décrire. Peut-on lire sans frémir les lignes qui suivent?

« Après la bataille de Lutzen, lorsque nous nous mîmes à la poursuite de l'armée vaincue, fréquemment nous nous arrêtions le soir aux lieux mêmes que les ennemis avaient occupés quelques heures auparavant, et nous les remplacions dans les abris où ils avaient couché. Soulagement, si l'on veut, mais qu'il nous coûte cher! c'est à dater de ce moment que nous devînmes la proie de cet odieux parasite du corps, qui une fois introduit dans les troupes en marche, s'y implante et s'y propage avec une effrayante rapidité. Personne n'en était exempt ; il n'y avait colonel ou général qui tienne, il fallait y passer.

Une lutte journalière ne suffisait pas pour se dé-
barrasser de ces dégoûtants insectes, qui semblent
se plaire et prospérer au milieu de la misère et des
privations, et il fallait un long repos et des soins
assidus pour revenir à un état normal sous ce rapport.

« Cet épidémie est particulièrement redoutable
pour les hommes sans énergie, pour les corps et
les caractères faibles, dont elle fait ses victimes de
prédilection, les détruisant parfois moralement et
physiquement. Ceci me rappelle ce pauvre apprenti
chirurgien qu'on avait sorti des bancs de l'École,
comme tant d'autres après les pertes de Russie,
pour un service actif auquel il était si peu préparé
de toute manière. Long, mince, maigre, pâle, on
le voyait toujours silencieux et courbé derrière la
compagnie des voltigeurs, qu'il avait adoptée comme
un chien abandonné adopte un maître. Il marchait
quand elle marchait, s'arrêtait quand elle s'arrêtait,
se couchait et se levait absolument comme elle, et
la suivait comme son ombre. On l'appelait le *ca-
rabin des voltigeurs* ; mais malgré cette désigna-
tion peu respectueuse, les voltigeurs l'avaient pris
en affectueuse pitié, et, eux aussi, semblaient l'a-
voir adopté. La meilleure place auprès du feu et la
première écuelle de soupe étaient pour lui ; ils le
soignaient comme un enfant. Un matin, le malheureux ne se leva plus ; il était mort à moitié rongé.»

Cependant Napoléon venait d'arriver ; il prit aussitôt l'offensive. Le moment solennel appelé à la fois et redouté de tout jeune soldat, celui de la première bataille, ne tarda pas à venir. Nous ne suivrons pas notre héros dans le récit de son premier fait d'armes ; il suffira de dire qu'il éprouva ce que tout vieux soldat se souviendra d'avoir éprouvé lui-même la première fois qu'il vit le feu : le bruit de la fusillade, l'odeur de la poudre, l'émotion inséparable d'un premier combat, l'enivrèrent et lui enlevèrent pour un moment la conscience de ses actes et jusqu'au spectacle de la lutte. La mêlée était rude ; il combattit au premier rang, il frappa et il se fit remarquer. Autour de lui tombaient les morts et les mourants ; il se retrouva, après plusieurs heures de cette lutte acharnée, debout et sans blessures ; la bataille était gagnée. Les ennemis étaient en fuite, et la fumée de la fusillade, en se dissipant, rendit à notre jeune officier, avec la présence d'esprit, la vue du champ de bataille. L'homme reparut sous l'uniforme du soldat, et son cœur se serra au spectacle qui s'offrit alors à ses yeux. « Lorsque je jetai les yeux sur notre champ de bataille, je me sentis saisi à la vue de tant de cadavres qui jonchaient la terre dans toutes les attitudes, et qui gardaient un affreux silence, eux qui avaient tant crié tout-à-l'heure. Je vois encore celui de ce voltigeur qui fixait le ciel de ses yeux vitreux tout grands ouverts, et dont la bouche contractée semblait prononcer des mots. Il avait évidemment lutté contre une agonie bien douloureuse, car son corps, courbé en arc, ne s'appuyait sur le sol que par les talons et le sommet de la tête. Étrange position, qui me paraissait inexplicable et qui m'impressionna tellement, que l'image de ce cadavre est restée toujours gravée dans ma mémoire. Un contraste venait encore ajouter à la navrante tristesse de ce lieu, c'étaient les rayons du soleil naissant qui, se glissant entre les arbres, faisaient scintiller également les gouttes de rosée sur les feuilles et sur les morts.

« Il me restait une tâche active à accomplir ; il fallut m'assurer que tous nos blessés étaient relevés et surtout retrouvés. Avertis par le rôle de la compagnie, il nous fallait aller souvent au loin, chercher dans les buissons, dans les fossés, ceux qui nous manquaient encore, et qui peut-être mouraient lentement à l'écart sans pouvoir se faire entendre. Oh ! que d'affreuses misères entassées sur une pareille fin ! Aussi je comprends l'axiôme du soldat : « Plutôt tué que blessé ; » mais je ne comprends pas, je l'avoue, ceux qui disent : « Plutôt blessé que prisonnier. »

« Devant ces horreurs du champ de bataille, je me demandai sérieusement ce que j'aurais éprouvé si je les avais pu voir s'accumuler devant moi, au lieu de les laisser toujours derrière en avançant ; je me rappelai que dans l'enivrement du bruit et de la fumée, je n'avais rien aperçu de ce qui m'émouvait si fort maintenant, et j'eus assez de bon sens pour me dire que mon exaltation de la veille n'était pas une garantie pour l'avenir. J'avais raison, car je découvris ensuite qu'en fait de courage militaire, j'en avais juste ce qu'il en fallait pour remplir convenablement mon devoir et pas plus. »

N'oublions pas d'ailleurs que si, dans la mêlée, l'exaltation du combat ferme les yeux et émousse la sensibilité des combattants, souvent aussi le rôle du soldat se borne à assister de loin, quelquefois même de près, spectateur immobile, à la lutte que se livrent sous ses yeux l'ennemi et ses compagnons d'armes. Il n'est peut-être point pour le soldat d'épreuve plus terrible ; dès le lendemain de ce premier engagement dont il s'était si brillamment tiré, notre jeune officier eut à faire connaissance avec ce combat d'un nouveau genre ; il ne nous a point caché l'impression terrible qui lui en resta.

« Le moment était venu pour nous d'entrer en action ; nous avions devant nous les Russes de Barklay de Tolly, et il s'agissait de leur enlever des positions qu'ils occupaient avec une formidable artillerie, plus nombreuse que la nôtre. C'est notre première division qui, comme à l'ordinaire, fut mise aux prises avec la solide infanterie qu'il fallait refouler. Les autres divisions restèrent derrière elle à portée de fusil, pour l'appuyer ou au besoin la remplacer. Mais l'avantage (si c'en est un) d'une sécurité relative n'était plus pour nous en cette occasion, et sous ce rapport, nous aurions volontiers changé notre position contre la sienne. En effet, elle combattait activement, criait Vive l'Empereur, avançait ou se démenait au milieu du bruit et de la fumée, tandis que nous devions rester l'arme au bras, silencieux et immobiles, sous une grêle de boulets : nous étions *de garde des pièces.* — Cette expression signifie qu'une troupe est rangée derrière une ligne de canons, pour être prête à la défendre contre toute attaque de cavalerie ou d'infanterie. Sans doute les deux lignes opposées d'artillerie dirigent surtout leurs coups l'une contre l'autre, parce qu'elles cherchent mutuellement à se démonter leurs pièces, mais elles tirent souvent aussi contre leurs défenseurs, pour les ébranler et préparer le succès d'une charge ; en tout cas, les boulets qui traversent une ligne d'artillerie ne s'y arrêtent pas toujours, et viennent fréquemment labourer la troupe qui est derrière.

« Cette position est certainement une grande épreuve, surtout pour de jeunes soldats, en raison de la silencieuse immobilité qu'ils doivent conserver. A chaque instant, un cliquetis de fusils qui tombent annonce qu'une file vient d'être atteinte ; ce que ne confirme que trop le lugubre commandement : *serrez, serrez,* qui interrompt un instant le silence pour se répéter bientôt après. Oh ! que le temps paraît long ! Comme les regards se tournent souvent vers ce soleil qui semble ne pas marcher et rester cloué dans le ciel ! Une heure compte alors des centaines de minutes. — Malgré tout, nos soldats gardèrent leurs rangs ; mais qui pourrait s'étonner si l'on vit pâlir ces figures si animées dans le combat du 19, qui était pourtant bien plus meurtrier ? Mais ici nulle distraction que le bruit continu de l'artillerie.

« Or, la musique du boulet n'est pas variée, elle n'a que deux tons. Quand ces projectiles arrivent de pleine volée, ils restent invisibles et n'annoncent leur passage que par un souffle court, qui donne froid. Quand ils ricochent, c'est-à-dire quand, après avoir touché terre, ils se relèvent par bonds successifs, on les aperçoit dans l'air comme autant de points noirs, et ils font entendre une sorte de gémissement, un son plaintif, que l'écriture ne saurait peindre. Il se produit alors une singulière illusion d'optique : chacun de ces points noirs semble vous arriver en plein visage. De là, ces têtes qui se baissent ou se penchent pour éviter le coup. Pauvre expédient, direz-vous. Sans doute ; mais il ne faut pas oublier que ces mouvements ne sont pas le fruit du raisonnement, et l'on ne s'en corrige que peu à peu. »

Je ne sais si je me trompe, mais je crois que plus d'un de nos lecteurs éprouvera, en lisant cette description, l'impression que je ressentis moi-même. C'était une sorte de dédain, presque de pitié. Pauvre soldat ! me disais-je, vous vous plaignez bien facilement, et vous voulez bien du mal à ces projectiles inoffensifs ! Qu'auriez-vous dit, si au lieu de vos mauvais obusiers qui envoient à peine un boulet de 4 à 500 mètres, vous aviez eu en face de vous quelques-unes de ces bonnes batteries rayées qui foudroient un régiment à une distance de 3000 mètres ? Qu'auriez-vous dit si vous aviez eu à recevoir les volées de notre mitrailleuse ? ou bien s'il vous avait fallu endurer le feu d'une centaine de ces bons Chassepots, qui ont fait leurs preuves, et qui, à 100 mètres d'une charge de 100 cavaliers lancés à fond de train, ne laissent pas un homme debout ? C'est que, dans votre temps, les armes ne savaient pas encore *faire merveille*. L'humanité marche : nous avons fait des progrès depuis la retraite de Russie ! Il y a à peine deux centaines d'années, une machine assez bien inventée (on l'appelait, je crois, *infernale*,) fut poussée par les Anglais contre les murs de Dunkerque : elle échoua ; si elle eût abordé, il ne serait pas resté de la ville les quatre murs. Il y eut dans la

France et dans l'Euroqe entière, un cri d'indignation. Superstition ridicule ! Nous sommes guéris
aujourd'hui de ces vieux préjugés, et la machine
infernale de Dunkerque n'est qu'un joujou inno-
cent à côté des belles inventions du dix-neuvième
siècle. Il n'y a plus que les philosophes qui pro-
testent encore : pauvres gens, qui ne voient pas que
nous marchons au progrès, et que notre seul but,
en imaginant de nouveaux moyens de nous entre-
détruire, est de rendre la guerre à jamais impossible !

C'est une vieille habitude, chez les partisans de
de la guerre, lorsqu'on met devant leurs yeux le
sanglant spectacle des champs de bataille, de ré-
pondre qu'il y a dans ce spectacle même, qu'il y a
dans ce déploiement de forces et de courage je ne
sais quoi d'imposant et de grandiose qui élève l'âme
au dessus de la sentimentalité vulgaire et la rend insensible à l'horreur de cette scène de désolation et
de fureur. A supposer que l'observation fût exacte
et le raisonnement juste, (ce qui ne nous semble
pas tout à fait incontestable,) il est du moins une sorte
de combat qui n'a assurément rien d'imposant ni
de grandiose : c'est la guerre d'escarmouches, c'est
le combat homme à homme, corps à corps, c'est
le tirailleur embusqué derrière un buisson, c'est la
mort sans gloire et sans vengeance, ce sont les mille
épisodes de la vie du soldat, c'est le coup porté par
derrière au fuyard qui a jeté ses armes pour sauver

sa vie, c'est le massacre des blessés, quelquefois même des prisonniers par le soldat furieux de sa défaite ou ivre de sang. Tristes faits d'armes, que ceux-là ! Tristes souvenirs aussi et que l'on n'oublie pas aisément ! Écoutez notre jeune officier raconter l'un de ces faits, dont il fut témoin, dans sa première campagne.

« Chargé par le commandant d'aller avertir nos bataillons restés en arrière, je revenais en hâte rendre compte de ma mission, lorsqu'à l'entrée de l'enceinte qui fermait le bois de ce côté, je trouvai un de nos nouveaux conscrits qui, par prudence ou plutôt par fatigue, ne nous avait suivis que de loin. Il était petit, grêlé, asthmatique, et n'avait pas, à le voir, pour un mois de vie. Il tenait son fusil haut, regardant au milieu des morts un chasseur prussien, blessé à la jambe et étendu sur le sol à quelques pas de lui. Il le fixait d'un œil hagard, comme si c'était une bête féroce prête à s'élancer sur lui, et s'apprêtait à le coucher en joue. Le pauvre blessé, me voyant arriver, agite sa main vers moi, et m'adresse quelques mots en allemand. Comprenant aussitôt la situation, je saisis au collet mon conscrit. Misérable, lui dis-je, tu veux tuer un blessé ? — Mon lieutenant, répond-il de sa voix entrecoupée, il peut encore nous faire du mal ! — Imbécile, laisse-le, et suis-moi. Je pars, pensant qu'il me suit, comme il en avait fait le mouvement.

Je n'étais pas à quatre pas que j'entends un coup de fusil; je me retourne, et je vois à l'attitude du blessé qu'il venait d'être tué,... disons, assassiné !

« J'ai demandé souvent à Dieu, et je lui demande encore de me pardonner ma part dans ce meurtre. J'aurais dû entraîner le conscrit avec moi, et ne pas me fier à l'ordre donné ; mais j'étais si loin de penser qu'il me désobéirait ! — Et qu'était donc ce meurtrier ? Un fanatique de haine nationale, un homme de sang, un assassin ? Non ; c'était un enfant et un enfant qui avait peur. Double cause de bien des cruautés inconscientes.

« Oui, les conscrits qu'on nous envoyait étaient des enfants, on les prenait à dix-huit ans. Dès l'abord, sans doute, ils se montraient pleins de courage militaire; mais il n'avaient que les instincts et que la force des enfants. Aussi, au bout de quelques semaines de fatigues et de privations, ils disparaissaient de nos rangs, comme une couche de neige nouvelle disparaît sous le souffle d'un vent chaud; il n'y restait plus guère que la couche plus ancienne et plus résistante de nos soldats déjà formés.»

Ces réflexions si vraies sont-elles assez navrantes? le tableau est-il achevé? Non: il y manque encore quelque chose. Après les souffrances de la campagne, après le carnage de la bataille, après les horreurs du champ de bataille, il faut encore repaître ses yeux du triste spectacle de l'ambulance; il faut voir mourants ou défigurés par les blessures ces corps tout à l'heure pleins de force et de vie. « La principale église de la ville ayant été transformée en ambulance, offrait ce terrible aspect que présente toute ambulance après un combat meurtrier. Une foule de blessés, amis et ennemis, étaient couchés côte-à-côte sur le sol du temple, souffrant et mourant ensemble. Dans un angle, car la place manquait, se voyait un entassement de membres coupés, et au milieu du sanctuaire, une longue table sur laquelle gémissait un patient entre les mains des chirurgiens. Grand Dieu ! que d'expressions diverses, et toutes navrantes, peuvent revêtir la douleur et les approches de la mort! Voyez tous ces visages. Voyez ces deux officiers italiens: l'un, tout jeune encore, dont les yeux fixes et le râlement saccadé annoncent la fin prochaine; l'autre, son frère ou son ami, l'étreignant de ses bras, le baisant et ne cessant de s'écrier en pleurant: Poveretto ! Poveretto ! — Et que d'autres scènes ! »

Est-ce là tout? Non, pas encore. Nous avons mis en lumière les acteurs, il faut encore dans le fond du tableau tracer à grands traits le paysage. « Au lieu de ces vergers ombreux, de ces paisibles hameaux, c'étaient des habitations ravagées, des arbres fracassés, les jardins foulés aux pieds, l'herbe souillée et couverte de débris, au milieu desquels on rencontrait à chaque instant des cadavres d'hommes ou de chevaux. La guerre, la rude guerre avait passé là.

« Rien de tout cela n'était nouveau pour mes yeux sans doute, mais comme on se sent plus navré par un tel spectacle, quand il dénature les lieux qu'on a connus et aimés ! Jusque dans un vallon écarté, où, sur le bord d'un ruisseau, s'élevait une de ces habitations montagnardes à petites et claires fenêtres, jusque-là la dévastation avait porté ses fureurs. Je m'étais souvent reposé dans cette demeure, où je trouvais parfois un frugal repas, et, ce qui vaut mieux encore, des dispositions amicales, malgré quelque difficulté à nous comprendre. Qu'était devenue cette paisible chaumière ? tout y était brisé et détruit ; il n'y avait plus ni portes ni fenêtres, et le feu avait consumé ou noirci ce qui restait sur place. Où se trouvaient les pauvres habitants ? Ils étaient errants sans doute, et peut-être sans asile. Qui avait accompli cette destruction, d'autant plus barbare et inexplicable que ce lieu n'avait rien pour exciter la cupidité ? Evidemment des maraudeurs. Étaient-ils Russes, Prussiens ou Français ? Ils pouvaient être les uns comme les autres, car leur vandalisme était partout le même. »

Et tout ceci, toutes ces horreurs et toutes ces

souffrances, c'est encore la victoire ! Le champ de
bataille est encore béant : les cadavres de la veille
pourrissent, mal ensevelis, sous un pied de terre :
mais à cent lieues de là, à Paris, on ne sent plus
l'odeur des morts : on est en fête, on illumine, et
l'on inscrit sur des arcs triomphaux le nom d'une
nouvelle victoire ! Eh bien, figurez-vous maintenant qu'au lieu de la victoire c'est la défaite; qu'au
lieu de la gloire c'est la honte; qu'au lieu de Ma-
rengo, Wagram, Austerlitz et Moscou, c'est la retraite de Russie, c'est Leipzig, c'est Waterloo : et
alors, insensibles aux maux d'autrui, du moins
vous sentirez les vôtres, et vous comprendrez que
ce n'est qu'en respectant la liberté de ses voisins et
le sang de ses enfants, qu'un peuple peut écarter
de lui de si terribles expiations.

Mais n'anticipons pas sur les événements et re-
venons à notre jeune officier. Nous l'avons entendu raconter sa première campagne et ses premières
victoires ; il va nous conter sa première défaite et
sa première retraite : la bataille et la retraite de
Leipzig.

BATAILLE ET RETRAITE

DE LEIPZIG

Nous voilà enfin dans ces plaines fameuses, où allaient se rencontrer 500,000 combattants et 3,000 pièces de canon pour s'y livrer la plus terrible bataille du siècle. [1] *Bataille de géants*, a-t-on dit en France, *bataille des peuples* (die Vœlkerschlacht), comme l'appellent les Allemands, qui, en trois journées d'une lutte épouvantable, devait laisser couchés sur une terre sanglante 120,000 hommes atteints par le fer ou le feu. — Oui, bataille de géants ! Appartient-il à un nain de vous la raconter !

Mais je ne vous la raconterai pas ; non, pas plus celle-ci que les autres, et j'ai déjà dit pourquoi. Je me contenterai d'en retracer les grandes lignes

[1] *La plus grande de tous les siècles*, dit à deux reprises M. Thiers. XVI, 607 et 622.

.2

pour servir de cadre à mes souvenirs. Si donc vous voulez me suivre sur le théâtre de ce drame terrible, vous pourrez m'y apercevoir parfois dans quelque recoin comme acteur, mais vous m'y verrez certainement placé aux premières loges comme spectateur.

Je parle de spectacle ; certes, nous en vîmes un magnifique dès le lendemain de notre arrivée, c'est-à-dire le 14. C'était un combat de cavalerie, où manœuvrèrent devant nous dix à douze mille cavaliers se chargeant et se sabrant pendant plusieurs heures. Jamais *cirque,* si *impérial* qu'on le fasse, ne pourra donner une représentation aussi saisissante.

Trois mille vieux dragons venaient de nous arriver d'Espagne. A la vue de ces vrais cavaliers, dont nous n'avions plus guère depuis Moscou que d'imparfaites copies, Murat se sent saisi d'enthousiasme. Il leur adjoint ce qu'il avait de mieux en ce genre et s'abandonne à la joie de les montrer de près à la cavalerie ennemie, oubliant peut-être que cette cavalerie était aussi bonne au moins que la sienne, et certainement beaucoup plus nombreuse. Ces longues lignes de dragons, de cuirassiers, de hussards français, allant se heurter contre les cuirassiers russes de Pahlen, les dragons autrichiens de La Tour, les uhlans prussiens, décrivant des courbes de toute espèce, avançant, reculant, tantôt vainqueurs, tantôt vaincus ; la terre ébranlée sous le galop de tant de milliers de chevaux ; les uniformes éclatants et variés ; les sabres qui étincellent ; le sifflement des boulets qui se joignent à l'acier pour joncher la plaine de cadavres ; puis cet intrépide cavalier, qu'on a appelé un roi de théâtre et qui le paraissait parfois sous ses costumes fantastiques, faisant ondoyer sur la scène son brillant panache et la parcourant sa cravache à la main ; tout cela formait, je le répète, un spectacle unique.

M. Thiers consacre à cette affaire les deux lignes que voici : « Le 14 octobre, l'ennemi perdit 1,200 « hommes dans un combat de cavalerie imprudemment engagé contre Murat. » [1] Étrange traduction de ce que j'ai vu ! M. de Norvins en parle bien différemment : il l'appelle « un combat « malheureux, qui fit presque disparaître notre « belle réserve de cavalerie. » [2] Il exagère sans doute, mais il m'est impossible de ne pas lui donner un peu raison, car il me souvient parfaitement que telle fut, dans le moment même, l'opinion parmi nous ; de toute part, officiers et soldats n'avaient qu'un cri contre ce Murat, qui nous dépensait inutilement une cavalerie si précieuse.

Le lendemain, un nouveau et grand spectacle

[1] Thiers XVI, p. 546. — [2] *Portefeuille de* 1813, vol. II, p. 380 et 384.

nous fut encore donné, mais cette fois, si j'ose le dire, par un cavalier seul : Napoléon. On sait qu'il consacra toute cette journée à étudier son champ de bataille et à y disposer son armée autour de Leipzig. Il commença sa visite par le sud de la ville, entre les villages de Liebert-Wolkwitz et de Wachau où nous nous trouvions, car c'est là qu'il comptait combattre le lendemain la grande armée conduite par Schwartzenberg et les trois souverains alliés. Nous le vîmes donc arriver dès le matin, suivi de son état-major historique tout étincelant d'or et de gloire, mais dont l'éclat pâlissait ou plutôt disparaissait devant la redingote grise et le petit chapeau. C'est dans cette occasion, je vous l'ai dit, que j'entendis de lui cette simple parole dont je reçus comme une commotion électrique.

Il faut savoir que les aigles de nos régiments de nouvelle formation étaient restées jusque-là enfermées dans leur étui. Bien souvent, en les comparant à celles des anciens régiments, nous avions éprouvé le naturel et vif désir de voir enfin briller à nos yeux cette aigle et sa bannière tricolore, pour l'honneur et la conservation desquelles nous étions prêts à donner nos vies. Mais il appartenait à l'Empereur seul de les découvrir, et c'est ce qu'il voulut faire ce jour-là.

Les soldats du 5me corps, déjà bien réduit en nombre (il comptait à peine une dizaine de mille hommes), se massèrent sur les trois côtés d'un carré, le quatrième étant occupé par le cortége impérial ; puis, tous les officiers furent appelés au centre et placés en face de Napoléon. C'est alors qu'il nous adressa une de ces courtes allocutions comme il savait les faire, et où il nous demandait de préférer la mort à l'abandon des aigles qu'il nous confiait. Ses paroles étaient simples, mais quelle singulière éloquence elles puisaient dans la bouche qui les prononçait, dans ce regard profond, dans cette voix vibrante qui pénétrait l'âme ! Jamais, non jamais je n'oublierai la fin de son discours, lorsque, se soulevant sur ses étriers, le bras étendu vers nous, il nous lança ces trois mots avec un accent interrogateur : *Vous le jurez ?...* Je sentis alors, avec tous mes camarades, comme s'il arrachait de force, du fond de nos entrailles, le cri: Nous le jurons! Vive l'empereur! — Quelle puissance magique en cet homme ! il y avait presque des larmes dans nos yeux, et certainement une invincible résolution dans nos cœurs.

Cette scène, dont M. Thiers ne dit rien, est décrite avec vérité et sentiment par un témoin oculaire, le baron Fain, alors secrétaire particulier de l'Empereur. Seulement, M. Fain la place devant le corps d'Augereau, qui venait en effet d'arriver à Leipzig. Je ne sais si ce corps renfermait des régiments de nouvelle formation, j'en doute un peu,

et je croirais assez qu'il y a là une erreur de nom.
En tout cas, si la cérémonie de la remise des aigles
eut lieu devant ce corps, elle eut lieu aussi pour
celui de Lauriston, entièrement composé de ces
sortes de régiments. [1]

Ce jour-là même, et pour la première fois, l'infanterie fut mise sur deux rangs au lieu de trois, sans
doute pour qu'elle présentât une plus longue ligne
aux yeux de l'ennemi et pût ainsi le tromper sur
notre nombre. Quelle impression cette nouveauté
produisit-elle sur l'esprit de nos soldats ? Elle fut
mixte. L'innovation nous parut avantageuse pour
les feux de file et ceux de peloton ou de bataillon
(rarement employés d'ailleurs à la guerre), car le
troisième rang, qui doit en théorie échanger ses
fusils contre ceux du second pour les recharger,
ne s'acquittait bien de cette fonction qu'à l'exer-
cice. Devant l'ennemi, ce n'était plus qu'un *em-
mêlage* qui n'était pas même sans danger. De plus,
le boulet avait moins de prise sur deux rangs que
sur trois.

Mais l'innovation nous sembla beaucoup moins
heureuse pour les attaquer à la baïonnette, et surtout pour soutenir les charges de cavalerie ; car

---

[1] M. le secrétaire du cabinet ne paraît pas, au reste, très
au courant des usages militaires, car il termine son récit
en disant que *chaque bataillon reçut son aigle*. Or, il n'y
avait et il n'y eut jamais qu'une seule aigle par régiment.

alors le troisième rang devient un solide et précieux appui physique et moral, et il était évident que son rôle nous aurait été fort utile dans ces vastes plaines et devant une immense cavalerie. Sous ce rapport, nous éprouvions un peu l'impression d'un homme qui ôterait son paletot quand la bise souffle. Mais que faire ? C'était une nécessité, nous le sentions bien, et il ne restait qu'à remplacer le rang manquant par un redoublement de fermeté.

J'ai remarqué, du reste, que, dans ces luttes à la baïonnette, l'affaire se trouvait le plus souvent décidée avant même qu'on eût croisé le fer. Le bataillon ou le carré qui va être enfoncé l'annonce aux yeux par une espèce d'ondoiement dans sa ligne au moment critique, et la catastrophe suit immédiatement. On dirait qu'il est renversé par le souffle de l'attaquant, et c'est assez vrai, car une énergie supérieure agit alors comme un courant magnétique sur un ennemi moins résolu.

On dira que je m'attarde bien dans ces préliminaires, comme si j'hésitais à entamer un pénible récit. Ce n'est pas cela, assurément, mais quand cela serait, je crois que je me trouverais ainsi représenter, sans le vouloir, le sentiment qui nous pénétrait tous dans cette journée d'attente, sentiment non de peur, ni d'aucune envie de reculer, mais sentiment profond de la gravité de notre situation. Cette situation se présentait clairement à tous les esprits, et était comprise des moindres soldats. Nous étions presque entourés, nous apercevions les masses ennemies s'entasser devant nous, et le lendemain allait décider du salut de l'armée et peut-être de la France : le moment était solennel et inspirait le recueillement. Aussi l'attitude générale dans les rangs annonçait une ferme résolution, mêlée de quelque tristesse ; elle ne ressemblait pas à celle des précédentes veilles de bataille. Ce n'était plus, hélas ! *le soleil d'Austerlitz* qui nous éclairait, mais un ciel sombre et pluvieux qui semblait en harmonie avec nos circonstances.

Journée du 16

Enfin se lève ce jour à jamais mémorable. Les armées sont tout à fait en présence, du moins au sud de Leipzig, car c'est là que la lutte va commencer.

Napoléon a réuni sous sa main 115,000 Français et les a massés autour des villages de Liebert-Wolkwitz et de Wachau qui ont donné leur nom à cette journée. Il a devant lui, à quelques centaines de pas, 160,000 Russes, Prussiens et Autrichiens, suivis encore de cinquante à soixante mille hommes restés en arrière, et qui se hâtent afin d'arriver à temps.

Ailleurs, c'est-à-dire au nord de Leipzig et à trois ou quatre lieues de notre champ de bataille, 75,000 Français, sous le commandement de Ney et de Marmont, sont chargés, soit de contenir les 120,000 hommes de Blucher et de Bernadotte qui s'avancent pour s'unir à Schwartzenberg, soit de nous conserver les ponts de Lindenau, à l'ouest de Leipzig, c'est-à-dire la route de France que l'on veut nous couper. La tâche de cette armée détachée vers le nord, quoique d'une haute importance, n'est pourtant pas la principale. Tout ce qu'on lui demande, c'est de nous donner le temps de battre Schwartzenberg tandis qu'il est encore seul ; après quoi, nous nous réunirons à elle pour détruire Blucher et Bernadotte.

Tel est le plan de Napoléon, et s'il réussit, c'est le relèvement de sa puissance et le renouvellement d'une de ces merveilles militaires qu'il a si souvent accomplies. Il est vrai que son infériorité numérique est grande, mais il commande directement, il est entouré de troupes dévouées et spécialement des 36,000 hommes de sa garde, vieille et jeune : son génie et la bravoure de ses soldats peuvent justifier ses espérances et lui assurer encore le succès. A une condition toutefois, c'est qu'il remporte aujourd'hui même une victoire décisive, car, s'il ne bat pas complétement Schwartzenberg, il sera accablé le lendemain par la réunion de toutes les forces alliées.

A neuf heures du matin, trois coups de canon tirés à intervalle donnent le signal à l'armée ennemie ; aussitôt quatre puissantes colonnes s'avancent contre nous, précédées de plus de 200 bouches à feu. Je ne vous parlerai que de celle qui attaqua Liebert-Wolkwitz que défendait Lauriston. Ce village, bâti sur un renflement de la plaine, offrait une position favorable à l'action de notre nombreuse artillerie ; elle couvrit de projectiles cette colonne, mais ne l'arrêta point, car tous ces hommes marchaient en gens décidés à vaincre. C'étaient les Russes de Gortschakoff et la division prussienne de Pirch. Bientôt la lutte dut s'engager corps à corps, et elle fut sanglante et opiniâtre.

J'ai lu que notre position fut six fois de suite abordée et presque emportée à la baïonnette, et six fois maintenue ou reprise par nous ; je n'ai pas compté, mais je sais que, durant plus de deux heures, nous eûmes à combattre des assaillants acharnés. C'est à la division Maison qu'incombait le soin de repousser Gortschakoff et Pirch, car, tandis que les Russes et les Prussiens nous attaquaient de front, une colonne autrichienne nous attaquait à gauche, et la division Rochambeau était assez occupée à défendre ce côté du village : ce qu'elle fit, du reste, avec un plein succès. Pendant tout ce temps, 500 pièces de canon vomissaient la mort sur notre champ de bataille. La canonnade était si violente de part et d'autre, que de vieux soldats ne se souvenaient pas d'en avoir entendu une semblable.

A midi, 18,000 hommes avaient déjà succombé dans l'une et l'autre armée, et l'ennemi paraissait arrêté. Alors Napoléon résolut de changer la défense en une vigoureuse attaque. Dans ce but, il forma deux fortes colonnes ; celle où je me trouvais était composée de notre 5ᵉ corps, appuyé de deux divisions de la jeune garde sous le maréchal Mortier. Avec nous s'avançait l'artillerie de réserve de la garde, c'est-à dire 80 pièces de canon, dont 32 de douze. C'était un feu d'une puissance terrible et dont je n'avais jamais eu l'idée. Il me souvient tout particulièrement du bruit épouvantable et des commotions que nous causaient ces pièces de douze, au milieu desquelles nous étions ; j'en restai sourd pendant quelques heures, et les oreilles saignaient à plus d'un, car nous n'étions pas accoutumés à ce calibre. Je vis aussi là quelques autres effets assez étranges de ce redoutable engin de guerre, un, surtout, que je crains de rapporter parce que j'ai de la peine à le croire moi-même.

Cependant nous avancions peu à peu, mais péniblement ; l'ennemi profitait du moindre obstacle pour nous arrêter et s'y défendre avec un admirable courage, et il en fallait bien aussi pour le déloger. Qu'il me soit permis de raconter à cette occasion un fait d'armes, que je trouve cité dans une de mes lettres à l'honneur du régiment.

Durant notre marche agressive, il s'agissait d'emporter un de ces nombreux villages qui se rencontrent dans la plaine de Leipzig. Celui-ci présentait un aspect assez formidable. Son église et son cimetière se trouvaient à l'entrée, et ce cimetière, entouré de murs à hauteur d'appui, servait comme de citadelle à toute cette position fortement occupée par les Russes; leur artillerie en garnissait les abords et nous envoyait ses projectiles. Chasser de là les ennemis paraissait une opération très-difficile; notre régiment fut chargé de l'essayer.

Au moment où nous partions en colonne d'attaque, un aide-de-camp tout jeune, que nous connaissions beaucoup et qu'il me semble voir encore avec sa charmante figure et sa petite moustache blonde, nous précéda au galop pour reconnaître de plus près la position et nous donner quelques directions utiles. Il s'élança donc vers la rue du village, mais son cheval y entra seul : le maître, subitement renversé par un boulet, resta sur la terre, sans autre mouvement que celui de sa chevelure que le vent agitait et que la pluie souillait. — Cet incident n'a certes rien de bien rare, et je ne sais en vérité pourquoi je me mets à vous le raconter, si ce n'est que toutes les fois qu'il m'arrive de songer à cet épisode de la bataille, il m'est impossible de ne pas voir se peindre, comme dans un petit paysage, une prairie verte, un cadavre à tête nue, le cheval qui galoppe et le clocher qui domine. Serait-ce que cette transformation instantanée de la jeunesse, de la grâce, de l'entrain, de la vie, passant en un clin d'œil à l'immobilité de la mort, ait exceptionnellement frappé mon imagination ? Mais pourquoi, puisque j'avais vu tant d'exemples semblables?

Quoi qu'il en soit, nous le suivions de près, et nous abordâmes bientôt nous-mêmes ce terrible village, où l'on nous vit entrer sans trop compter sur un succès que nous devions seulement préparer aux autres. Toutefois, en peu de minutes et moyennant la perte d'une centaine d'hommes et de cinq officiers, nous restions complétement maîtres de la position, et nous en bordions la face opposée. Le général Maison, qui nous suivait avec le reste de la division, accourut alors à nous, entra tout ému dans nos rangs, criant : Brave 154e, si tout le monde se battait comme vous, il n'y aurait pas des gens si fiers là-bas! — On peut juger, si de telles paroles d'un tel général nous causèrent de la joie : nous nous trouvions largement récompensés.

Cependant nous avions enlevé à l'ennemi presque tout son champ de bataille, et il ne nous en disputait plus que l'extrême limite. Notre premier adversaire, Gortschakoff, avec son corps d'armée et une division prussienne, restait appuyé au village de Gülden-Gossa, qui, situé dans un fond et présentant une suite de bois et de longues mares d'eau, était extrêmement favorable à la défensive. Nous n'en fîmes que trop ensuite la dure expérience, car ce village allait devenir le point décisif de la bataille et l'écueil où devait se briser l'armée française.

A la vue de nos progrès si menaçants, les souverains alliés s'étaient effrayés, et avaient envoyé plusieurs officiers pour appeler Schwartzenberg à leur secours. Le général autrichien se trouvait alors, en effet, assez éloigné. Il avait tenté de tourner notre droite, en marchant entre l'Elster et la Pleisse, pour traverser ensuite ce dernier cours d'eau et nous prendre par derrière. L'Empereur Alexandre le fit conjurer d'abandonner son projet et de venir le plus promptement possible à l'aide des Russes et des Prussiens, qui allaient être enfoncés entre Liebert-Wolkwitz et Wachau. En attendant son arrivée, et pour pourvoir au plus pressé, les souverains se décidèrent à engager toutes leurs réserves, certains de les remplacer bientôt par l'armée autrichienne.

Les dix mille grenadiers de Rajeffsky vinrent

donc se ranger devant Gülden-Gossa comme une longue muraille ; puis on lança les cuirassiers russes sur notre infanterie. Charge redoutable qu'elle dut soutenir en se formant promptement en carrés. J'appartenais pour le moment à la ligne de tirailleurs, qui précèdent souvent sur le champ de bataille les colonnes en marche. En voyant cet ouragan de fer qui allait fondre sur nous, on cria aux tirailleurs : Couchez-vous à terre ! — C'était la première fois que j'entendais ce commandement, et, par un faux point d'honneur et une sotte idée de collége, je m'imaginai qu'il était plus digne de rester debout. On me cria plus fort : Couchez-vous donc !... Heureusement j'eus encore le temps de m'étendre dans un sillon, et l'ouragan passa sur moi sans me toucher.

Cependant la bataille continuait, Drouot, avec sa formidable artillerie de la garde, imagina de diriger toutes ses pièces contre la magnifique infanterie qui venait d'arriver, et se mit à tirer à miraille sur les grenadiers russes, qui tombaient comme des pans de mur sous le feu de nos canons. Lorsqu'ils parurent suffisamment ébranlés, nos deux colonnes d'attaques chargèrent à la baïonnette. « La « colonne de gauche, où le général Maison for- « mait la tête de Lauriston, se jeta sur Gülden- « Gossa et parvint à y pénétrer. Mais les grena- « diers Rajeffsky, favorisés par des bâtiments de

« ferme, des bois, des mares d'eau, s'y défen-
« dirent avec la dernière opiniâtreté. On condui-
« sit une partie de la garde russe à leur secours,
« et tandis que Maison tenait une extrémité du
« village, les Russes tenaient l'autre et ne vou-
« laient pas l'abandonner. Maison, atteint de plu-
« sieurs coups de feu, couvert de sang, changea
« trois fois de cheval, et ramena ses soldats dans
« ce village de Gülden-Gossa qu'il ne pouvait en-
« lever aux Russes, et que, de leur côté, les Russes
« ne pouvaient lui arracher. »

Napoléon sentait le besoin de vaincre à tout
prix. Avec la multitude d'ennemis qui s'appro-
chaient, ne pas vaincre aujourd'hui, c'était s'expo-
ser à être détruit. Il prit donc le parti de jeter toute
sa cavalerie dans l'action. Douze mille chevaux,
partagés en deux masses, sous la direction de Murat, fondirent sur les grenadiers et les gardes russes,
qui, s'étant enfin rendus maîtres de Gülden-Gossa,
s'étaient déployés de nouveau en avant de ce village ; nos cavaliers les enfoncèrent et leur enlevèrent vingt-six pièces de canon. Mais quand Murat
voulut pénétrer dans cet inextricable fouillis de
bâtiments, de bouquets de bois et de marécages, sa
cavalerie fut obligée de s'arrêter court et de rester
exposée au feu de l'artillerie. L'empereur Alexandre,
se dépouillant alors de tout ce qui lui restait sous
la main, fit charger jusqu'aux hussards et aux co-

saques de sa garde, qui, passant entre les ouvertures praticables de Gülden-Gossa, se jetèrent à l'improviste sur le flanc de la cavalerie de Murat, qu'ils surprirent et qu'ils obligèrent à se replier, n'emmenant que six des vingt-six pièces qui venaient d'être conquises.

La victoire n'avait donc pas été décidée par cette action générale de notre cavalerie, bien qu'une bonne partie du champ de bataille fût en notre pouvoir. Napoléon voulut tenter un nouvel effort. Il reforma ses deux colonnes d'attaque, en les appuyant de dix mille hommes de sa vieille garde, seule réserve qui lui restât. Mais tout à coup on entendit de grands cris sur notre droite : c'étaient des colonnes autrichiennes qui venaient de traverser la Pleisse et s'avançaient pour nous tourner. A ce danger, Napoléon arrête sa vieille garde, puis se précipite avec elle sur ces colonnes menaçantes et les refoule au loin.

Cependant le temps marchait : il était cinq heures, et la nuit approchait. Napoléon, après avoir pourvu au danger de sa droite, ne pouvait encore se résoudre à ne pas faire un suprême effort pour percer le centre de l'armée ennemie. Il ne s'agissait plus pour cela que d'enlever Gülden-Gossa, devant lequel se continuait un combat acharné. « Lauriston, imperturbable au milieu d'un feu hor- « rible, avait éprouvé des pertes énormes. Il lui

« restait toutefois le général Maison atteint de
« plusieurs coups de feu, n'ayant plus autour de lui
« que les débris de sa division, mais insatiable de
« combats jusqu'à ce qu'il eût conquis Gülden-
« Gossa. Suivi de Mortier, Maison était rentré dans
« ce fatal village. Son succès pouvait tout décider,
« lorsque Barclay de Tolly, appréciant le péril, y
« lança une division prussienne, appuyée de la
« garde russe ; celle-ci, par un effort désespéré,
« reprit Gülden-Gossa. Maison essaya encore une
« fois d'y rentrer, mais une obscurité profonde
« sépara bientôt les combattants. Demeuré en de-
« hors comme un lion rugissant, Maison était là,
« privé des cinq sixièmes de sa division, couvert
« lui-même de blessures, et désolé d'être arrêté par
« la nuit... Cet acte fut le dernier de la bataille
« du 16, bataille terrible, dite de Wachau. Envi-
« ron vingt mille hommes de notre côté et trente
« mille du côté des coalisés, jonchaient la terre, les
« uns morts, les autres mourants. »

Ce fut bien la fin de la bataille et son dernier
acte, c'est vrai, et pourtant j'ai peine à en quitter
le récit. Je suis comme fasciné par cette scène dernière, si déchirante et si grandiose à la fois. Oui,
l'image hardie de M. Thiers n'est pas fausse, Maison était comme un lion rugissant autour de Gülden-Gossa. On la comprend, elle semble naturelle,
cette image, quand on se représente ce qui s'était

passé dans ce *fatal village* 'et' ce qui s'y passait encore.

Dès la chute du jour, les attaques s'y étaient succédé avec une ardeur et une obstination que rien ne pouvait lasser. Tous les bataillons, tous les régiments, d'abord notre division, puis tout le 5e corps, puis enfin les bataillons et les régiments de la jeune garde, se précipitaient tour à tour avec fureur sur cette sanglante et suprême proie, et toujours repoussés, s'éparpillaient à l'entour. C'était vraiment comme les vagues de l'océan qui assaillent un immobile rocher, et qui en retombent sans cesse en couvrant la mer de leur écume. Ici, cette écume, c'étaient nos soldats, errants, exaspérés autour de ce tombeau de leurs camarades. — Admirable courage des deux parts, et, ce qui est plus beau et plus consolant, des deux parts aussi dévouement à une noble pensée : les alliés combattant pour délivrer leur patrie, et les Français pour sauver la France.

Mais ce spectacle, déjà émouvant pour l'âme, devint bientôt splendide pour les yeux. A mesure que la nuit devenait plus obscure, on voyait rayonner plus vive la lumière de la fusillade, et des centaines de bouches à feu qui tonnaient sans discontinuer. Les obus faisaient tournoyer dans l'air leurs mèches flamboyantes, semblables à des girandoles qui se croisaient en tous sens, ou bien, obéissant aux desseins meurtriers de ceux qui les envoyaient, ils allaient ricochant à hauteur d'homme au milieu de la foule tumultueuse pour rencontrer plus de victimes. J'ai la conviction que les ennemis lancèrent aussi des *pots à feu*, pour éclairer l'étrange désordre où nous étions et y mieux diriger leurs coups ; car il me souvient que, par intervalles, régnaient soudain des clartés persistantes et d'une éblouissante blancheur à laquelle rien ne pouvait se dérober. C'était comme une illumination féerique, au milieu de laquelle tournaient et retournaient en vain nos pauvres soldats, cherchant leur drapeau et criant pour se retrouver : Division Maison ?... Cinquième corps ?... Jeune garde ?...

Je me promenais aussi à demi-enivré sur ce théâtre de confusion, tout inondé de lumière. Il me rappelait une autre illumination que j'avais vue, trois ans auparavant, pour une fête de l'Empereur, et qui m'avait paru un spectacle des Mille et une nuits ; mais ceci était encore plus beau. Je me promenais, dis-je, et j'appelais mes camarades, au milieu de ces redoutables courbes de feu qui dansaient autour de nous, quand je sentis tout à coup une forte secousse au bras droit, suivie d'une douleur sourde. Je connaissais, par ouï dire, la sensation que produit le boulet qui emporte un membre, et je me dis : Mon bras est loin ! — Je le tâte vivement et avec angoisse. Non, il est toujours la !... Encore cette fois, ce n'était qu'une balle morte. (Ne me faites pas trop de reproches, quoique j'en mérite beaucoup, je fus ici reconnaissant et remerciai Dieu.)

Cette situation dura une partie de la soirée, jusqu'à ce qu'enfin, par ces appels à haute voix, les hommes d'un même régiment, ou du moins d'une même division, fussent parvenus à se grouper pour s'étendre ensemble sans abri, sans pain, sans feu, sur la terre humide et y attendre un nouveau jour. Je m'étendis comme les autres sur cette rude couche, et m'y endormis aussitôt d'un sommeil de plomb.

Sur cette terre où je dormais, étaient couchés en même temps plus de cinquante mille morts ou mourants. Mais ce n'était pas tout, car deux autres batailles s'étaient livrées le même jour, l'une au couchant, l'autre au nord de Leipzig. Bertrand contre Giulai, à Lindenau, avait pu nous conserver la route de France. Marmont contre Blucher, à Mœckern et sur la Partha, avait lutté depuis midi contre des forces supérieures, mais il avait dû céder le terrain et venir s'appuyer aux faubourgs. Ces deux affaires, qui nous avaient coûté sept à huit mille hommes et dix mille à l'ennemi, n'avaient rien changé à la situation générale, qui était non-seulement critique, mais on peut dire déplorable pour nous. Sans doute nous pouvions nous attribuer l'avantage dans la lutte au sud de la ville, car nous couchions sur le champ de bataille, mais cela importait bien peu, puisque dans l'état des choses, ainsi que nous l'avons vu, une bataille indécise devenait décisive contre nous.

Journée du 17

Journée de repos et qui ne doit pas compter dans la bataille de Leipsig, car il ne s'y échangea que de rares coups de fusil entre des tirailleurs fatigués; ce fut pourtant une triste, bien triste journée, du moins pour nous.

Dès le matin, Napoléon, accompagné de ses principaux généraux, parcourut lentement et à pied ce champ de bataille, dont l'horreur semblait se réfléter sur la physionomie de ces hommes de guerre, qui avaient vu pourtant de bien terribles spectacles en ce genre. Tout était morne dans ce cortége, qui s'avançait silencieux sur une terre trempée de sang, sous un ciel sombre et pluvieux, au milieu de tant d'hécatombes humaines.

La pensée d'un désastre abordait évidemment l'esprit, non-seulement des chefs, mais aussi de l'armée, car nous ne pouvions nous abuser sur la situation, et il eût suffit, pour nous éclairer, de voir l'Empereur en si nouvelle et étrange condition. Ce fut lui qui laissa le premier échapper le mot de *retraite*, que personne n'osait prononcer autour de lui. Heureux encore, s'il avait su s'y décider immédiatement et la commencer le soir même pour l'effectuer durant la nuit ; il aurait sauvé la plus grande partie de son armée et aurait pu s'arrêter sur le Rhin, où l'on aurait certainement craint de l'attaquer. Mais se proclamer ainsi vaincu, était un sacrifice trop amer pour son orgueil ; il ajourna au lendemain toute décision, ne voulant faire cette retraite qu'au grand jour et comme une marche stratégique qui imposât encore aux ennemis. La journée du 17 s'écoula donc tout entière sans qu'aucun ordre fût donné, et ce temps perdu eut de fatales conséquences.

Mais pourquoi les alliés demeurèrent-ils également inactifs ? Sans doute ils avaient, eux aussi, besoin de se reposer et de se refaire, après une bataille qui leur avait coûté près de 40,000 hommes, mais leur principal motif fut que cette journée d'attente leur serait aussi avantageuse qu'elle serait funeste aux Français ; ils devaient recevoir en effet le lendemain 110,000 hommes de troupes fraîches, tandis qu'il ne nous en arrivait que 15,000 sous Reynier, dont 10,000 Saxons qui allaient nous trahir sur le champ de bataille. C'était donc, toutes pertes compensées, 300,000 hommes qui en attaqueraient 150,000 le 18.

La proximité de Leipzig avait permis de faire quelques distributions à l'armée, peu abondantes, il est vrai, vu le nombre des partageants, et peu fortifiantes, vu l'absence de viande. Dans ces plaines si complétement ravagées, nous n'avions d'autres ressources pour vivre que les magasins de l'État, dont les administrateurs, fort impopulaires parmi nous, nous envoyèrent en très-petite quantité des légumes secs, du pain et de l'eau-de-vie.

Notre installation pour la nuit fut donc aussi misérable que possible. Point de bivouac que la terre nue ; presque point de feux, car on n'avait pour en allumer que des débris d'affûts, de caissons ou de roues qui ne brûlaient guère, et c'est en vain qu'on essayait de les alimenter en y jetant les buffleteries ou les shakos des morts ; il n'en sortait au lieu de flamme, qu'une fumée épaisse et puante. C'est autour de ces lugubres foyers que se réunissaient les pauvres restes de notre régiment. Souffrances du corps et souffrances du cœur !

Cependant la pluie diminuait ; on apercevait même de temps en temps quelques étoiles dans le ciel. Un de nos vieux officiers se mit à les regarder attentivement, en pensant sans doute aux vides douloureux qui s'étaient faits parmi nous, car il s'écria tout à coup : Où sont maintenant nos camarades? Et il ajouta aussitôt : Et nous, où serons-nous demain ? — Il voyait là-haut nos demeures prochaines. Ses paroles traduisaient un sentiment commun, car elles amenèrent des réflexions très-sérieuses, très-élevées, et telles que bien des gens se seraient étonnés de les entendre dans un pareil cercle. A tort, certes, car, surtout dans les circonstances graves, tous les hommes se ressemblent : leurs différences sont plus extérieures qu'intérieures. Et quelles circonstances plus propres que celles où nous étions, à faire apparaître ce sentiment religieux qui est au fond de toutes les âmes ?

J'ai envie de profiter de cette soirée relativement calme, quoique sombre, pour causer aussi avec vous sur quelques questions qui se sont peut-être présentées à votre esprit.

On m'a demandé, par exemple, s'il était réellement possible de rester deux ou trois jours sans manger, et de trouver encore la force de marcher et de combattre. Ce doute, qui m'a préoccupé moi-même, m'a conduit à sonder scrupuleusement mes lettres et mes souvenirs, pour voir si je ne me serais pas trompé sur ce point. Le résultat a été que, pour un ou deux cas au moins, il y avait une véritable impossibilité à admettre que j'eusse pu me procurer des aliments ; en sorte que j'ai dû reconnaître la réalité de ces jeûnes extraordinaires, sans pouvoir expliquer comment on y résistait. Je reconnais toutefois que cette résistance n'était pas à la portée de tous, et qu'il fallait certaines dispositions physiques et morales pour ne pas succomber.

Du reste, il y a plus d'un mystère, vous le savez, autour de nous et en nous, et je mettrais volontiers dans le nombre l'influence étrange et vraiment inexplicable que peuvent exercer les nécessités de la guerre, soit sur le corps, soit sur l'esprit du soldat. Entre autres exemples, je me rappelle celui de cet artilleur à deux chevrons que j'avais vu le 16, en suivant le mouvement de cette formidable batterie de la vieille garde et de ses 32 pièces de douze, dont je vous ai parlé. On venait de l'asseoir sur un tronc d'arbre, son pied ayant été emporté par un boulet. Que faisait-il là ? Il fumait sa pipe, et achevait de détacher avec son couteau ce pied qui pendait encore à un fragment de peau. — Je sais bien que le boulet ne produit pas sur le membre atteint la sensation aiguë du tranchant de l'acier, mais un engourdissement momentané. Toutefois, je le disais tout à l'heure, j'ose à peine raconter ce fait, dans la crainte d'entendre quelque chirurgien me dire, en se moquant : Mon cher Monsieur, il n'y a ni vigueur de nerfs, ni énergie d'âme, ni douceur de boulet qui puisse expliquer un tel fait. Votre artilleur à deux chevrons est une pure illusion ; vous ne l'avez pas vu, vous l'avez rêvé. — Soit, et pourtant je jure le contraire !

Quant à l'esprit du soldat, ses impressions se modifient étonnamment, surtout sur le champ de bataille ; on pourrait en citer mille preuves. Voyez seulement cet homme, qui, dans son village, mis en présence d'un malheureux fracassé, pouvait à peine supporter la vue de ces horribles plaies, et qui, lorsqu'il sera de retour, éprouvera à peu près les mêmes sensations en cas pareil, voyez-le maintenant parmi ces êtres affreusement mutilés et tout palpitants ; il marche au milieu d'eux presque avec indifférence, quoique ce soient pourtant ses camarades et qu'il puisse à chaque instant tomber de même. Voyez encore près de nous, à ce foyer voisin, ces soldats qui, pour éviter l'humidité de la terre, se sont assis sur des morts... Ici, pourtant, je dois le dire, une protestation énergique s'est soulevée contre eux ; on les a appelés des *sans cœur*, et, malgré des raisonnements philosophiques qui leur paraissaient concluants, ils ont dû céder à ce sentiment instinctif qui honore l'homme : *Respect aux morts !*

Mais brisons là, car ces sortes d'observations rétrospectives risqueraient de s'étendre outre mesure. Je ne me suis déjà que trop longuement arrêté sur la bataille du 16, mais je serai beaucoup plus sobre dans mon récit de la journée du 18, non pas qu'elle ait été moins terrible et moins sanglante, puisque plus de 50,000 hommes y sont tombés comme dans la première, mais parce que notre corps d'armée était tellement affaibli qu'il ne pouvait plus y occuper une grande place. Je crois même que notre valeureux Maison n'y parut pas, car je ne me souviens pas de l'avoir revu depuis la soirée du 16 , il était sans doute retenu à Leipzig par ses blessures. Ce fut le général Lauriston qui nous commanda dès lors directement. Hélas ! il n'avait pas grand'peine, car son corps d'armée tout entier comptait moins d'hommes qu'un seul de ses régiments au commencement de la campagne. Toutefois, comme vous le verrez, nous ne fûmes pas sans prendre notre part de la lutte.

Mais c'est assez causé, la soirée avance ; dormons maintenant, si possible.

Journée du 18

C'était très-possible, mais ce ne fut pas long. L'Empereur ayant pris sa décision durant la nuit, avait donné immédiatement ses ordres pour la retraite, et, à trois heures du matin, nous étions déjà en marche sur Leipzig. Toute l'armée, opérant le même mouvement rétrograde, se rapprochait ainsi de la ville pour l'entourer d'un cercle de fer plus resserré et plus compacte que la veille, afin de contenir l'ennemi pendant que les parcs de réserve et l'immense convoi des bagages s'écouleraient à travers les rues, et iraient reprendre le chemin de la France ; après quoi, chaque corps devrait défiler à son tour et suivre la même route.

Napoléon espérait que cette marche s'accomplirait sans opposition sérieuse de la part des alliés, heureux qu'ils seraient de le voir enfin en retraite. Funeste erreur, qui devait amener un affreux désastre. En effet, pour faire sortir de Leipzig cette armée de plus de cent mille hommes avec tout son matériel et la porter au delà de l'Elster, il n'y avait qu'une seule issue et un seul pont,... tandis qu'il eût été si facile d'en improviser plusieurs ! C'est cette inconcevable aberration ou cette impardonnable négligence qui a soulevé, à bon droit, l'indignation contre ceux qui s'en sont rendus coupables.

Pour garder sa seule issue vers la France, notre armée enveloppa Leipzig du nord au sud, appuyant chacune de ses ailes à l'Elster, qui figurait ainsi la corde du demi-cercle. Cette ligne courbe était à peu près continue, mais au sud, au village de Probstheyda, elle se repliait brusquement à angle droit pour aller se rattacher aux rives enchevêtrées de la Pleisse et de l'Elster. C'est cet angle saillant, devenu le point décisif, que l'ennemi devait emporter pour percer notre cuirasse, et c'est là, en effet, qu'allait se faire son principal effort.

La grande armée de Schwartzenberg se déployait en face de Probstheyda, que Napoléon occupait avec sa garde et les restes des corps d'armée qui, le 16, avaient déjà combattu sous lui ; parmi ces corps bien éprouvés, figurait celui de Lauriston, ayant perdu les deux tiers de son effectif. C'étaient environ 80,000 hommes contre 180,000. — A notre gauche, et, par conséquent, à l'Est de la ville se trouvait Ney, et, en remontant vers le nord, Marmont, qui devait arrêter Bernadotte et Blucher, avec des troupes de moitié moins nombreuses que celles qui leur étaient opposées. Les ennemis parviendraient-ils à rompre notre ligne pour pénétrer dans Leipzig, c'était la question vitale pour nous qui allait se débattre.

Déjà pendant la matinée, les approches de l'armée de Bohême avaient donné lieu à de rudes combats de notre côté, mais c'est surtout depuis midi, lorsqu'il entendit le canon de Blucher et de Bernadotte, qui entraient alors en action, que Schwartzenberg lança définitivement ses colonnes pour enlever Probstheyda. Les plus furieuses attaques se succédèrent sans relâche avec un incroyable acharnement, amenant une succession d'effroyables mêlées sur ce terrain sanglant, tantôt conquis, tantôt reperdu. Je ne vous les décrirai pas ; ce serait répéter l'histoire de Liebert-Wolkwitz, où la lutte fut la même, aussi bien que le résultat. Vers la fin du jour, en effet, Schwartzenberg reconnut qu'il ne pouvait emporter cette position, rendue inex-

pugnable par le courage désespéré de ses défenseurs, et il se décida à terminer la journée par un
épouvantable combat d'artillerie, qui vint décimer
encore les faibles restes de nos bataillons.

Quelles furent mes impressions durant cette journée ? Elles ne furent et ne pouvaient être bien dif-
férentes de celle de l'avant-veille. Si, par suite de
notre affaiblissement numérique, nous participâmes
dans une moindre mesure à la bataille, du moins
nous en fûmes constamment les spectateurs rap-
prochés et très-gravement intéressés ; car, quand
ce n'était pas la baïonnette ou la fusillade, c'étaient
la cavalerie et surtout l'artillerie qui nous pre-
naient à partie. Je lis par exemple, dans une de
mes lettres, à l'occasion de la dernière canonnade,
que « les boulets roulaient dans la plaine comme
« des poignées de pois dans une chambre » L'expression est hyperbolique sans doute, mais elle ne
s'éloigne pas énormément de la vérité. On doit
comprendre dès lors que, même au repos (si un
tel mot peut s'employer ici), nous ne jouissions
pas d'une grande sécurité.

De la position de Probstheyda, on pouvait em-
brasser du regard l'ensemble de cette lutte gigan-
tesque où 400,000 combattants se disputaient Leipzig, car, sur les points éloignés, la fumée dessinait
pour nous la place et le mouvement des corps.
C'étaient trois batailles qui se livraient à la fois :

au sud, à l'est et au nord, il y en avait même une quatrième à l'ouest, car nous entendions le canon de Bertrand, chargé de nous rouvrir la route de France que Giulai avait encore interceptée.

Quant à la plaine immédiatement environnante, elle nous présentait successivement toutes les formes de combat en usage à la guerre, et c'est là particulièrement que je pus étudier les effets réciproques des charges de cavalerie et de la résistance des carrés, dont j'ai parlé plus haut. Cette étude ne s'appliquait pas seulement aux carrés, amis ou ennemis, que nous apercevions autour de nous, elle trouvait tout naturellement aussi son objet dans le carré que notre régiment devait assez fréquemment former, et que je voyais, hélas ! devenir toujours plus petit. A la fin du jour, il pouvait à peine contenir les quatre ou cinq chevaux de notre modeste état-major.

Ce qui me frappa beaucoup dans une telle situation, c'est l'insouciante avidité avec laquelle on se hâtait d'hériter d'un camarade tué. Son sac était immédiatement fouillé, sans doute dans le but honnête et autorisé d'en retirer les paquets de cartouches qui s'y trouvaient, mais on en retirait en même temps une chemise, des souliers ou tel autre objet de toilette, qui devenait bientôt parfois l'héritage d'un autre. Je fus témoin d'une scène de ce genre bien propre à inspirer des réflexions philosophiques. Un soldat venait d'être frappé d'un boulet, aussitôt un camarade s'empresse de visiter son sac. Mais, soit hasard, soit que la pièce ennemie eût conservé exactement la même direction, un nouveau boulet couche à terre ce premier visiteur; puis, un second qui le remplace subit le même sort; ce qui n'empêcha pas un troisième de les dépouiller tous trois.

Mais, pour ne pas vous fatiguer de mes remarques, je n'en rapporterai plus qu'une dernière. Une division du corps de Macdonald (qui nous touchait à gauche), avait été formée en colonne d'attaque et chargée de s'emparer d'un village voisin ; mais, arrêtée d'abord, puis repoussée par une formidable artillerie, on la voyait dans la plaine comme un immense parallélogramme noir, qui rebroussait lentement devant la masse de projectiles dont elle était accablé. Chose curieuse, et pourtant moins inexplicable, je crois, qu'il ne le semblerait d'abord, la parti du parallélogramme du côté de l'ennemi conservait sa forme régulière et ses lignes droites et fermes, tout en semant des cadavres sur ses traces ; au contraire, la partie la moins exposée et qui se rapprochait de nous, n'avait plus de forme, s'émoussait et s'éparpillait en filets divergents, comme on voit s'écarter du tronc les racines d'un arbre arraché. Cette vue, pénible pour tous, navrait surtout notre adjudant-major, ancien soldat d'Italie, qui, levant les bras en l'air, s'écriait les larmes aux yeux : Oh ! Français, Français, qu'êtes-vous devenus !.... Au même instant, un boulet lui emporta l'épaule ; on voulut le relever, mais il expira bientôt, content peut-être de mourir pour ne pas voir le reste.

Je n'entreprendrai certainement pas de vous transporter sur les autres parties du champ de bataille, c'est bien assez que je vous aie si longtemps retenus à l'endroit où je me trouvais. Il me suffira de dire que les trois autres batailles, quoique commencées plus tard, furent aussi disputées et presque aussi sanglantes que celles de Probstheyda. Mais il s'y passa de plus un drame vraiment douloureux, lorsque la division saxonne, qui comptait près de 10,000 hommes et 40 pièces de canon, quitta subitement les rangs français, la cavalerie en tête, pour aller se joindre aux ennemis, ouvrant ainsi une large trouée dans notre ligne affaiblie. Bien plus, ces mêmes canons qui, un instant auparavant, tiraient sur les alliés, elle les tourne aussitôt pour couvrir de mitraille la division Durutte, avec laquelle elle servait depuis deux ans. N'y a-t-il pas là quelque chose qui blesse l'honneur militaire et presque la conscience ?

Que les Saxons fussent Allemands avant tout et qu'ils désirassent la chute de Napoléon, qu'ils eussent en conséquence refusé de marcher et de combattre (ce que leur nombre aussi bien que la situation générale leur eût permis de faire), cela se serait compris et ils en avaient parfaitement le droit ; ou même, qu'ils eussent attendu d'être sur le champ de bataille pour nous abandonner, on pourrait le pardonner, quoique cela se comprenne moins ; mais ce qui ne se comprend plus, c'est de mitrailler immédiatement les compagnons d'armes qu'ils viennent de quitter. Voilà ce qu'il est impossible de justifier, et je suis convaincu que ce ne fut pas ici la faute des soldats ; jamais, non jamais des soldats laissés à eux-mêmes ne se seraient conduits de cette manière : ils furent entraînés par l'autorité de leurs chefs.

Et qu'étaient donc ces chefs ? Des hommes sans honneur et sans conscience ? A Dieu ne plaise que je les juge ainsi. C'étaient seulement des hommes fanatiques de la patrie allemande ; et ce n'est pas la seule fois, certes, que les convictions et les sentiments les plus nobles et les plus respectables dans leur principe, ont poussé à des actes condamnables ou même odieux. Fanatisme politique, fanatisme religieux, fanatisme patriotique, peuvent également pervertir dans les âmes la notion du bien, l'histoire le dit assez. Tant il est vrai que la raison de l'homme doit toujours contrôler et retenir dans les justes limites, même ce qu'il y a de meilleur en lui.

Au reste, cette triste conduite eut sa récompense ordinaire : on prétend que les généraux russes et suédois s'en montrèrent eux-mêmes indignés, et elle n'empêcha pas les souverains alliés de démembrer la Saxe après la victoire.

Lorsque Napoléon apprit ce nouveau désastre, il y courut avec sa garde, et arriva à temps pour fermer la brèche et arrêter les ennemis. Ainsi, malgré leur immense supériorité et leur formidable artillerie, malgré l'acharnement de leurs attaques, les alliés ne purent entamer nulle part ce cercle de débris mutilés qui entourait Leipzig, et dont l'héroïque résistance arrachait leur admiration. Les ténèbres seules mirent fin au carnage, car jusqu'à la nuit close, plus de deux mille bouches à feu vomirent la mort sur toutes les faces de ce terrible champ de bataille.

Bien que notre ligne subsistât encore, cette journée achevait de rendre impossible la continuation de la lutte. La retraite, une retraite immédiate devenait enfin forcée, et elle dut commencer aussitôt. La garde d'abord, ensuite les blessés (du moins ceux du 16, déjà relevés, car ceux du 18 restaient tous sur le terrain), puis l'artillerie, la cavalerie et les autres corps de l'armée, quittèrent successivement le champ de bataille, pour traverser la ville et se porter au-delà de l'Elster. Le défilé dura toute la nuit, mais on peut penser avec quelle peine et quelle lenteur. L'explosion des caissons qu'on faisait sauter, un affreux encombrement d'hommes, de chars et de chevaux, la pluie, la fatigue, la faim, l'obscurité, le découragement, et surtout l'indiscipline, inséparables d'une telle retraite, en rendaient la marche presque insensible, et le jour devait évidemment paraître longtemps avant qu'elle pût être achevée.

Des troupes avaient été désignées pour partir les dernières et aller s'établir aux faubourgs de Leipzig, afin de les défendre à outrance et de laisser ainsi au reste de l'armée le temps de s'écouler. Reynier était au nord et Marmont à l'est ; puis Macdonald, au sud, devait former l'extrême arrière-garde avec ce qui restait des corps décimés de Poniatowski et de Lauriston. On voit que nous ne pouvions nous plaindre qu'on ne pensât point à nous : on nous plaçait aux meilleurs endroits. — Cette disposition nous procura toutefois l'avantage de demeurer quelques heures de plus étendus sur la terre en attendant de commencer notre rude tâche du lendemain.

Journée du 19

Dès le matin, nous étions établis dans des jardins potagers, attenant au faubourg du sud. Ces jardins étaient séparés de la plaine extérieure par une muraille médiocrement élevée et peu forte, mais, comme c'était là qu'il nous fallait arrêter l'ennemi le plus longtemps possible, nous nous mîmes à créneler de notre mieux cette vieille muraille à coups de crosse et de baïonnette, et à y pratiquer quelques ouvertures pour nous servir de meurtrières. Ces précautions ne furent pas inutiles; les lignes de tirailleurs s'approchèrent bientôt, et, quoiqu'elles se montrassent toujours plus épaisses, la supériorité de notre position nous permit de les arrêter longtemps, en leur faisant perdre beaucoup de monde.

Les choses changèrent de face, lorsque l'artillerie vint à s'en mêler ; car les boulets criblant notre faible rempart, et nous renversant parfois des pans de mur sur la tête, la position devint intenable et il fallut l'abandonner. Ce ne fut pas toutefois avant d'en avoir reçu l'ordre positif et réitéré, et même ce ne fut pas sans peine que nous parvînmes à le faire exécuter, car nos soldats étaient exaspérés : ils voulaient toujours tirer encore un coup de fusil avant de quitter la place. Le temps pressait pourtant ; l'entrée du faubourg, défendue jusque-là par notre artillerie, allait être abandonnée, et il fallait se hâter de rentrer, si l'on ne voulait pas être pris.

Toute l'armée de Schwartzenberg défilait en effet sous nos yeux en masses profondes. Les colonnes s'avançaient en bon ordre, au bruit de toutes leurs musiques et en poussant des hourras de triomphe. J'ai su depuis que ces ovations célébraient le passage des trois souverains alliés, qui, sûrs, désormais de la victoire, s'apprêtaient à entrer ensemble dans Leipzig. De telles manifestations n'étaient pas faites pour calmer notre irritation. Aussi, tout en filant derrière les restes de notre muraille, et baissant la tête pour éviter leurs balles et leurs boulets, je montrai le poing à ces triomphateurs, en criant à un de mes camarades : Entendez-les, ils font de la musique, les lâches ! — Mais, direz-vous, pourquoi cette épithète ? Ils ne la méritaient pas. — Comprenez-moi bien : je ne les accusais pas de manquer de bravoure, mais de délicatesse.

 Ce ne fut pas sans peine, ni sans pertes, que nous traversâmes les rues tortueuses des faubourgs ; car l'artillerie des alliés couvrait la ville de ses projectiles, et des coups de feu partaient des fenêtres des maisons. Ils nous étaient adressés par des Saxons et des Badois de la garnison, qui marquaient ainsi leur volte-face, et aussi par les habitants eux-mêmes, du moins à ce que nous crûmes, et c'est là surtout ce qui excitait notre indignation ; car il faut savoir que les militaires ont une morale spéciale à cet égard. Ils n'en veulent nullement aux soldats ennemis qui leur tirent dessus. C'est leur affaire, se dit-on ; ils sont là pour cela, aussi bien que nous. Mais des bourgeois, des paysans,... ce sont des *brigands*, et ils méritent qu'on les traite comme tels. Le mot et l'idée sont universellement reçus dans les armées conquérantes, et ils ont même passé chez plus d'un grave historien. Il en ressort évidemment cet axiôme : Sans uniforme, on n'a pas le droit de se défendre chez soi.

Il était près de midi, quand notre petite troupe déboucha enfin sur le large boulevard qui sépare la ville des faubourgs ; mais, quelque vaste qu'il fût, il ne pouvait contenir la multitude de soldats de toute arme, cavaliers et fantassins, qui y affluaient de toutes les rues en combattant, car les autres portes venaient d'être forcées comme celle du sud. Au milieu de cette foule tumultueuse apparaissait un groupe d'officiers-généraux à cheval, et parmi eux, je reconnus aussitôt Lauriston et Poniatowski qui s'entretenaient d'un air sombre. Mon camarade et moi, nous essayâmes vainement de pénétrer jusqu'à eux, pour savoir ce dont il s'agissait ; mais le mystère nous fut dévoilé, lorsque de toutes parts des voix consternées répétèrent ces mots sinistres : Le pont vient de sauter ! — Quel pont ? — Le pont de l'Elster ; on ne peut plus passer, nous sommes tous prisonniers. — Prisonniers ! nous écriâmes-nous, c'est ce qu'il faudra voir. Filons vers la rivière.

Beaucoup avaient déjà pris ce parti ; nous suivîmes le torrent, et nous arrivâmes bientôt à un cours d'eau sur lequel on avait essayé de jeter un pont en planches, qui avait promptement cédé sous la masse des fugitifs. De déplorables débris marquaient déjà ce premier lieu de passage : des voitures pillées, des armes abandonnées, des hommes noyés, des blessés tristement assis sur la rive et regardant l'autre bord en gémissant. Hélas ! que pouvions-nous y faire ? — Comme on n'avait de l'eau dans ce courant que jusqu'à la ceinture, nous l'eûmes bientôt mis derrière nous. Nous en rencontrâmes encore deux ou trois autres qui n'étaient pas plus redoutables, et nous nous disions : Que de bruit pour rien ! Mais ce n'était là que le commencement de la tragédie ; nous n'avions traversé que les bras divisés de la Pleisse, et le danger sérieux se trouvait ailleurs.

Nous nous en doutâmes en voyant se dessiner tout à coup devant nous une épaisse ligne d'hommes, qui s'agitaient confusément et semblaient arrêtés par un obstacle infranchissable. Nous approchons. C'était l'Elster, qui, gonflé par les pluies continuelles, roulait avec violence des eaux noirâtres et profondes, bien capables d'entraîner et d'engloutir des milliers d'hommes.

Sur les bords s'étalaient des fourgons éventrés, de magnifiques uniformes, des armes dorées, des monceaux de linge fin, toute sorte de richesses qui excitaient bien la convoitise, mais que personne ne touchait, faute de pouvoir les emporter. Sur le fleuve, une foule de têtes paraissaient et disparaissaient tour à tour, attestant avec quelle ardeur désespérée nos soldats tentaient le passage à la nage ; mais un grand nombre d'entre eux, ayant trop compté sur leurs forces, ou s'embarrassant les uns les autres, allaient rejoindre la file de cadavres que charriait la rivière. Les cavaliers n'étaient guère plus heureux, car, sur le rivage même et jusqu'au milieu du courant, malgré leurs coups de sabre, des hommes s'attachaient à eux comme des guêpes, formant autour du cheval une grappe dont le poids dépassait les forces de l'animal, et tous se noyaient. C'est ainsi probablement que périssait à quelques pas de là, le brave Poniatowski.

Eh bien ! des choses plus désolantes encore s'étaient passées, pendant la nuit et durant la matinée, vers le pont de Leipzig, obstrué et encombré par les fuyards. Ces scènes revêtirent même un caractère spécial d'atrocité, en ce que les malades et les blessés étaient précipités dans la rivière ou broyés par les voitures et les chevaux de leurs propres camarades, qui, aveuglés par un furieux égoïsme, voulaient se sauver à tout prix, et marchaient, a-t-on dit, dans une boue de chair humaine.

Qu'allions-nous faire devant cette barrière de l'Elster ? Fallait-il nous jeter aussi dans ces eaux

fatales, où savoir nager n'était point une garantie ?
Heureusement, mon camarade eut une idée excel-
lente. Suivez-moi, me dit-il, et remontons la rivière
du côté des ennemis. — C'est ce que nous fîmes,
en nous cachant de notre mieux le long de la
berge qui était assez élevée. Quand nous fûmes
tout près des tirailleurs autrichiens, la rivière se
trouvant alors parfaitement libre, nous sautâmes
dans l'eau ; quelques coups de fusils nous y sui-
virent, mais ne nous atteignirent pas. Nous cou-
pions le courant avec toute l'énergie que donne le
désir de n'être pas pris ou noyé.

Cette traversée n'avait d'abord paru qu'un jeu,
au hardi nageur qui avait plus d'une fois franchi
le Rhône au dessous des moulins de la Coulouvre-
nière ; mais, gêné par mon équipement militaire,
alourdi par mes vêtements qui s'emplissaient d'une
eau boueuse et verdâtre (mon portefeuille et mes
papiers eu ont gardé les traces), je me sentais en-
foncer, quoique je touchasse presque à l'autre rive.
Pilois, plus vigoureux et plus âgé que moi, avait
déjà pris terre ; il voit mon embarras, redescend la
berge, s'accroche à une racine, me tend son pied
que je saisis, me tire de l'eau, et nous voilà courant
la plaine à la recherche de l'armée.

Aller seuls à travers champs, marcher paisible-
ment côte à côte et en pleine sécurité, quel contraste avec les scènes que nous venions de quitter !

Et ces scènes terribles duraient encore, car nous entendions tonner l'artillerie qui consommait la destruction de ce qui restait de l'armée française dans Leipzig. Deux cents pièces de canon perdues, plus de vingt mille hommes tués, noyés ou pris, voilà ce que coûtait le pont sauté. Mais, que ces chiffres représentent peu l'affreux spectacle qui était encore pour ainsi dire sous nos yeux ! Nos amis mutilés, sanglants, tant de jeunes vies tranchées par le fer ou étouffées sous les flots, partout des êtres angoissés, et parfois des cris déchirants.... Oh ! nos pauvres camarades !

Et pourtant, le dirai-je ? tout en ayant le cœur navré, il nous était impossible de ne pas savourer le calme qui nous entourait. Jouissance égoïste, j'en conviens, mais peut-être un peu excusable dans la circonstance, et qui ne coûtait rien du moins à notre conscience de soldat : nous avions fait notre devoir jusqu'au bout.

Tout en nous dirigeant sur la droite, pour nous rapprocher de la route de France, nous cherchâmes à manger, car il se faisait tard et nous étions à jeun depuis l'avant-veille. Mais ces champs dénudés ne nous offraient guère de ressources. Quelques pommes sur les arbres, des racines, des raves arrachées de terre et mangées crues, c'étaient une bien chétive restauration pour des hommes affamés et déjà affaiblis par les privations. Cependant telle fut notre unique nourriture ce jour-là, et telle elle resta à peu près, pendant les quinze jours que dura notre retraite jusqu'au Rhin.

Nous nous joignîmes enfin aux restes de la division Maison, disons plutôt du 5me corps d'armée, dont le chef était resté aux mains des ennemis. Le tout ensemble formait quelques centaines d'hommes à peu près sans armes, la plupart s'étant sauvés à la nage ; le soir, nous bivouaquions à Mackranstædt.

Mackranstædt ! C'était là que j'avais vu Napoléon le matin de Lutzen, et c'est là que je le revis encore le soir de Leipzig. Quel constraste entre cette brillante aurore de la campagne de 1813, et cette fin lugubre s'accomplissant au même lieu ! Étrange et poétique destinée de ce petit endroit, resté presque inconnu et sans retentissement. Pourquoi ? Serait-ce seulement à cause de la rudesse de son nom !

La retraite

La journée du lendemain, 20 octobre, fut presque entièrement employée à recueillir les soldats débandés qui avaient pu traverser l'Elster, soit avant, soit après la catastrophe du pont. Ils nous arrivaient continuellement comme des bandes d'oiseaux effarés, et dans l'état le plus déplorable. Nous marchions cependant, mais, en raison même de la confusion qui y régnait, l'armée s'écoulait lentement et péniblement à travers les plaines de Lutzen. Quel eût été son sort, si les alliés s'étaient mis immédiatement à notre poursuite? Heureusement, la plus grande partie de leur armée ne quitta pas Leipzig, où elle demeura quelques jours pour se refaire. — Quant à nous, parvenus le 23 à Erfurt, nous eûmes aussi deux jours de répit, autour de cette place, qui renfermait de grands magasins militaires. Là, on distribua des munitions, des vivres, et surtout des fusils à ceux qui se décidaient à les prendre, sinon à les garder ; car la plus grande plaie de l'armée, c'était encore la démoralisation.

Dès le premier jour de la retraite, une foule de soldats, plus ou moins blessés, plus ou moins malades, ou se disant tels, s'étaient mis à cheminer sans armes à la queue des colonnes. Cela pouvait se justifier jusqu'à un certain point, mais l'exemple entraîne. A ceux-ci vinrent bientôt s'adjoindre, en nombre toujours plus considérable, des hommes qui n'avait pas les mêmes prétextes. Leurs seuls mobiles étaient le dégoût de la guerre, le désir de marcher indépendants et de vivre en maraudeurs, aux dépens des villages dont ils détruisaient les ressources. Tout ce qu'il y avait de moins respectable dans nos rangs allait successivement grossir cette troupe de vagabonds, qui ne se trouvaient plus seulement à la queue, mais aussi sur les flancs et surtout en tête des colonnes pour être les premiers au pillage.

Cette multitude désordonnée, sans armes, sans dignité et sans force morale, était désignée parmi nous sous le nom bien connu de l'*armée des fricoteurs*, que lui avait valu l'unique occupation à laquelle elle voulut se livrer. Tous ceux qui s'y enrôlaient portaient fidèlement un insigne qui les faisait de suite reconnaître : c'était un petit pot de terre, suspendu par une ficelle à la boutonnière. Et c'était bien véritablement une armée, du moins par le nombre, puisque, si l'on comptait déjà plus de 20,000 de ces fricoteurs de Leipzig à Erfurt, il s'en trouva 30 ou 40,000 d'Erfurt à Hanau, et près de 60,000 de Hanau à Mayence, tant cette contagion allait croissant. Notre malheureuse armée s'avançait ainsi entourée de ce honteux cortége, déjà plus nombreux qu'elle-même, et qui s'augmentait à vue d'œil.

Ce qui augmentait aussi à vue d'œil, c'étaient les privations et les souffrances de ceux qui restaient fidèles au drapeau. Le passage des fricoteurs dans le pays faisait l'effet du passage des sauterelles en Orient ; on ne trouvait plus rien sur la route ; tout était consommé, haché, brûlé. Les habitants avaient fui, et attendaient à quelque distance, avec l'impatience qu'on peut croire, la fin de ce torrent dévastateur. Nous étions donc réduits à fouiller les champs pour y chercher des racines; rarement nous avions la chance de trouver encore sous les décombres des chaumières quelque mangeaille oubliée, et, parfois, un pot de ces rustiques confitures que les paysans de la contrée préparent pour le goûter de leurs enfants ; alors nous en faisions la soupe.

Mais une des plus grandes épreuves de cette déplorable retraite, c'étaient les marches de nuit, et elles étaient continuelles. On ne se figure pas quelles souffrances de corps et d'esprit elles imposent. Ces longues colonnes de malheureux soldats fatigués, affaiblis, qui se suivent dans les ténèbres, tassés les uns contre les autres, se marchant sur les talons au milieu des ornières et de la boue (car la pluie ne discontinuait pas), ces colonnes n'avancent que lentement et comme par secousses. Leur écoulement est semblable à celui d'une vase liquide que le moindre obstacle arrête, ne fût-ce qu'un caillou, et qui ne reprend son cours intermittent qu'après l'avoir péniblement surmonté. Ainsi le plus petit arrêt à la tête de la colonne se propageait jusqu'à son extrémité, et allait même en grandissant contre toute raison, à ce qu'il semble. Nous ne savions jamais si l'arrêt durerait une minute ou un quart-d'heure, aussi c'était un vrai

soulagement quand on se remettait en marche ;
hélas ! souvent après quatre pas, on s'arrêtait de
nouveau. En attendant, nous restions debout et si
accablés de sommeil que plus d'un, à son grand
étonnement, se trouvait inopinément le nez sur le
sac du camarade qui était devant lui.

Au bout de quelques heures passées dans de
telles conditions, c'est à peine si l'on conserve une
conscience nette de soi-même ; on marche comme
des hallucinés, on a des visions, on rêve, on rêve...
Il me souvient que je me trouvais dans cette situation d'esprit en passant devant le château ducal
de Gotha, placé sur une éminence qui domine la
route. C'était pendant une nuit sombre et plu-
vieuse ; nous marchions dans un morne silence.
Tout à coup j'entends retentir, à la façon d'une
fusée qui s'élèverait dans les airs, un *allegro* favori
d'Elleviou, chanté par une voix pure et brillante
qui remplissait l'espace de ses accents mélodieux.
Je me crus à l'Opéra. — Mon erreur dura peu,
mais ce chant joyeux n'était pas pourtant une hal-
lucination. Un peloton de hussards de la garde
gravissait, près de nous, la rampe rapide qui conduit au château où logeait l'Empereur, et ce fut
sans doute un jeune officier (ce ne pouvait être un
vieux hussard) qui nous fit cette surprise. L'amer
contraste que je sentis au réveil entre ma situation
présente et l'Opéra me remua profondément, et je

m'explique ainsi comment un fait aussi insignifiant est resté fortement empreint dans mon souvenir.

C'est peut-être le dégoût de ces angoissantes marches de nuit, autant que le découragement et la faim, qui jetait tant d'hommes hors des rangs. Il était difficile, en effet, de résister à l'envie de les quitter pour aller s'étendre *incognito* à l'abri de quelque arbre ou de quelque mur, afin d'y dormir en paix, et de prendre ensuite les allures d'une marche indépendante qui semblait pleine d'attraits. Il n'y avait pas lieu de craindre de s'égarer en quittant la colonne armée, et de manquer ainsi la route de France ; aux débris qui la jonchaient et aux fuyards qui la suivaient, il n'était que trop facile de la reconnaître de jour, et, la nuit, on l'eût retrouvée rien qu'à l'odeur nauséabonde qui s'en exhalait, et qui provenait surtout des chevaux éreintés ou de leurs cadavres semés le long du chemin : senteur âcre et toute spéciale, que je distinguerais, je crois, encore à présent, et qui, probablement, contribuait pour sa part à nous préparer au terrible typhus qui nous attendait sur le Rhin.

Mais, si l'on cédait une fois à la tentation de la débandade, le sort en était jeté, il n'y avait plus de retour ; on se trouvait définitivement enrôlé parmi les fricoteurs. Or, une telle perspective effrayait ceux qui avaient encore le sentiment de l'honneur militaire : ils préféraient souffrir sous le drapeau. Au fond, ils avaient raison dans l'intérêt même de leur conservation personnelle, car c'était au milieu de la multitude vagabonde que les cosaques faisaient surtout des victimes. Nous marchions toujours entourés d'une épaisse nuée de ces sauvages cavaliers qui pénétraient partout, et grand nombre de nos traînards étaient chaque jour massacrés ou emmenés par eux ; en sorte que, ici comme ailleurs, la fidélité au devoir était encore le meilleur calcul.

Nous cheminâmes ainsi jusqu'à Hanau, toujours fidèlement escortés par les fricoteurs, les cosaques, la faim, la pluie, et la maladie qui nous envahissait toujours plus, car, quelle constitution pouvait résister à de si rudes atteintes ? Ce qui nous donnait des forces et soutenait encore notre courage, c'est que nous approchions du Rhin et que nous étions à la veille de rentrer en France, en France où tous nos maux allaient cesser ; oh ! que cette heureuse perspective nous remplissait d'impatience et de joie !

Enfin, le 29 au soir, nous entrons dans une immense forêt où nous devons bivouaquer. Point de vivres, cela va sans dire, mais pas même de feu, quoique un froid déjà vif nous l'eût rendu bien nécessaire. Nous avions beau entasser des branches de sapin, après en avoir ôté avec soin la neige qui y adhérait, puis brûler de la poudre sous le tas pour l'exciter à s'enflammer, nous n'en pouvions faire sortir qu'un stérile pétillement, et quelques minces filets d'une fumée qui semblait aussi froide que le brouillard. Il fallut renoncer à avoir du feu, et se résigner à étendre sur la terre humide nos pauvres corps affaiblis et malades.

Mais ce qui fut plus cruel encore, car tout cela n'était pas nouveau pour nous, ce fut le renversement subit de toutes nos espérances de retour. Nous apprîmes là, pour comble de nos misères, qu'une armée de 50,000 hommes nous barrait le chemin de la France !

Depuis Leipzig, Napoléon avait toujours marché avec l'arrière-garde et soutenu la retraite, mais, en apprenant que la route de France était coupée, il s'était porté en avant, suivi de ce qui lui restait de sa vieille garde, et avait passé la nuit dans les mêmes bois que nous. Il s'agissait alors de déboucher de cette vaste forêt qui s'étend jusqu'à Hanau, et de passer sur le corps de ces nouveaux ennemis. C'était une nécessité absolue pour l'Empereur : il lui fallait forcer le passage ou rester pris avec toute son armée.

Or, il n'avait sous la main que seize à dix-sept mille soldats valides à opposer aux cinquante mille que commandait un certain général Wrède, qui avait vécu à sa cour et à qui il avait donné des titres et des richesses. Il était profondément indigné contre tous ces Bavarois qui avaient servi sous lui pendant tant d'années, dont il avait agrandi le pays aux dépens de l'Autriche, qu'il avait comblés de biens, disait-il, et qui venaient à la dernière heure et sans danger pour eux (du moins à ce qu'ils croyaient), empêcher le demeurant de leurs anciens compagnons d'armes de rentrer dans leur patrie. Toute l'armée partageait ces sentiments, et la colère qui l'animait influa certainement sur le résultat de la journée.

Le 30 donc, au matin, la bataille dite de Hanau commença dans la forêt, fortement occupée par plusieurs corps ennemis. Ils en furent expulsés à la suite d'une vive fusillade et de nombreuses décharges d'artillerie, qui donnèrent à cette partie de la bataille le caractère pittoresque et tout spécial que revêt la guerre dans les bois, surtout quand une centaine de bouches à feu s'y font entendre. En débouchant dans la plaine, nous vîmes les 50,800 hommes que de Wrède avait rangés en avant de la Kinzig. [1] Quand il aperçut cette armée attendant l'ennemi avec une rivière à dos et n'ayant pour retraite qu'un pont à son extrême droite, Napoléon

---

[1] Petite rivière qui se jette dans le Mein à Hanau.

s'écria : Pauvre de Wrède, j'ai pu le faire comte, mais je n'ai pu le faire général.

Sans doute une telle disposition ne pouvait s'expliquer, même chez le plus médiocre des généraux, que par la conviction où il était qu'il n'aurait qu'à ramasser des fuyards. Grande fut sa stupéfaction et celle de ses soldats, quand ils virent se dérouler devant eux, en lignes fermes, les bonnets à poil de la vieille garde, les dragons, les grenadiers à cheval et la formidable artillerie de Drouot, 80 pièces de douze. Les Bavarois savaient ce qu'était la garde et ils furent vivement émus à sa vue aussi bien que leur général. Cette impression, assez naturelle du reste, et l'exaspération des nôtres, jointe à la nécessité de s'ouvrir un passage, aident à faire comprendre comment les Bavarois furent battus par une armée trois fois moins nombreuse que la leur.

Après quelques moments d'une violente canonnade et quelques charges irrésistibles de la grosse cavalerie de la garde, le désordre se mit dans les rangs ennemis, et le général de Wrède, acculé sur la Kinzig, ne vit d'autre ressource que de ramener son armée sur sa droite, afin de lui faire repasser la rivière au pont de Lamboy. Pour favoriser ce mouvement et se procurer l'espace dont il avait besoin, il essaya une attaque sur notre gauche ; c'est là que se trouvaient les débris des 3e, 5e et 6e corps, que cnoduisait Marmont. Notre rôle avait été fort modeste durant la lutte, et, après avoir rempli l'office de tirailleurs au milieu des arbres, nous étions rangés sur la lisière de la forêt, plus en spectateurs qu'en acteurs.

Mais si je ne pris pas une part très-active à la bataille, j'en vis de bien près le dernier et saisissant épisode. Tout à côté de nous, s'étendait une prairie qui descendaient pente douce jusqu'à la rivière. Au haut de cette prairie, deux bataillons de grenadiers de la vieille garde, sous le général Friant, attendaient en frémissant d'impatience qu'on leur permît de se jeter sur leurs ennemis. Au commandement désiré : Grenadiers en avant!... leur ligne descend compacte, irréprochable, mais impétueuse et terrible, car ces hommes étaient exaspérés. Je les vois encore, tels que je vous les ai souvent dépeints : ils grinçaient des dents, ils sifflaient comme des serpents en agitant leurs dards meurtriers, je veux dire leurs redoutables baïonnettes. En un instant, tout ce qui était devant eux est culbuté, percé, précipité dans la Kinzig, où s'entassent sept à huit cents cadavres. Spectacle affreux pour un homme,... superbe pour un soldat !

Le comte de Wrède perdit dans cette journée dix mille des siens, tués, blessés ou prisonniers, et nous couchâmes sur le champ de bataille. Le lendemain soir, 31 octobre, nous bivouaquions autour de

Francfort, et deux jours après, nous défilions sur le pont de bateaux de Mayence.

Quel spectacle, que ce défilé de la grande armée rentrant en France! Cette armée qui, deux mois auparavant et après de brillantes victoires, couvrait l'Allemagne de plus de 500,000 soldats qui semblaient invincibles, cette magnifique armée, qu'était-elle devenue? Il en restait cent mille hommes, dit-on. Les voilà.

Voyez d'abord s'écouler lentement cette multitude confuse, 60,000 individus sans armes, vivant et marchant comme des bandes de bohémiens, ou pis encore : sont-ce là des troupes ou des troupeaux? — Mais voici les vrais représentants de la grande armée : ce sont ces 40,000 hommes environ, portant encore des fusils, s'efforçant de marcher en rangs et de ressembler à des soldats; mais quelles figures ! Déguenillés, hâves, décharnés, se traînant à peine, ils ont tous l'air de sortir de l'hôpital ou plutôt de s'y rendre. Où sont ces régiments français à l'allure si fière, qui écrasaient de leurs dédains les populations vaincues, ces mêmes populations qui les regardent passer maintenant?

Et pourtant non-seulement ces 40,000 malades, mais ces 60,000 fricoteurs dégradés, et dont la plupart sont presque des enfants, il y a quinze jours qu'ils combattaient encore comme des héros. Quelle chute ! — Y a-t-il donc une expiation pour l'orgueil des vainqueurs qui ont abusé de la victoire? Alors une autre se prépare encore pour la France impériale , c'est l'invasion , avec tous les maux qu'elle entraîne, qui vient à son tour peser sur le pays qui depuis si longtemps l'infligeait aux autres. Si la rétribution n'atteint pas toujours les individus ici-bas, elle ne manque jamais aux peuples.

Il y aurait encore après ce récit, dans la campagne des cent jours et dans le retour au pays natal, bien des scènes émouvantes et tristes à recueillir. Mais nous ne pouvons, nous l'avons dit, donner à nos lecteurs une édition nouvelle du livre de notre excellent coopérateur. En voilà assez pour leur faire désirer de tout lire; et en voilà assez aussi pour leur faire comprendre, à supposer que ce fût encore nécessaire, par l'irrésistible impression du récit le plus simple et le plus sincère, *ce dont la gloire est faite.*

454 — Abbeville. — Imp. Briez, C. Paillart et Retaux

www.ingramcontent.com/pod-product-compliance
Ingram Content Group UK Ltd.
Pitfield, Milton Keynes, MK11 3LW, UK
UKHW020947140726
13695UKWH00003B/1252